ENFANTS SAINTS

Illustrations des portraits : Stéphanie Son
Illustrations des bandes dessinées : Tristan Garnier

mame

Direction : Guillaume Arnaud
Direction éditoriale : Sophie Cluzel
Édition : Marie Rémond
Direction artistique : Armelle Riva
Direction de la fabrication : Thierry Dubus
Fabrication : Julia Mirenda

Composition : Patrick Leleux PAO

www.mameeditions.com
ISBN : 978-2-7289-3314-3
MDS : MM33143

« Loi n° 49-956 du 16 juillet 1949 sur les publications destinées à la jeunesse, modifiée par la loi n° 2011-525 du 17 mai 2011. »

Charlotte Grossetête

Enfants Saints

15 vies extraordinaires
de Tarcisius à Carlo Acutis

mame

Sommaire

Sainte Blandine
(vers 162-177)

Blandine, petite esclave de la fin du IIe siècle, ne compte pour rien dans la société profondément inégalitaire de l'Empire romain. Mais elle appartient à cette jeune Église chrétienne pour qui il n'y a plus ni maîtres ni esclaves, seulement des enfants de Dieu. Des enfants de Dieu bien courageux dans l'adversité…

Une esclave presque comme les autres

Blandine sort de la maison, deux paniers vides à la main. Une belle journée commence ! Sous ce ciel clément, ce sera un plaisir de faire les courses pour sa maîtresse.

Malgré l'heure matinale, l'ambiance est animée au marché. La ville de Lugdunum[1] est riche. Marchands et clients discutent bruyamment devant des étals débordants de produits aux mille odeurs. Ce joyeux tapage amuse Blandine qui se faufile à travers la foule, discrète et souriante. Rares sont les regards qui s'arrêtent sur elle. Ses vêtements simples révèlent sa condition d'esclave ; aussi les jeunes gens préfèrent-ils dévisager les riches passantes. Pourtant, Blandine se sent libre, d'une liberté intérieure que nul ne pourrait lui voler.

Le secret de la liberté

– Bonjour, ma petite Blandine ! lance une voix affectueuse derrière elle.

L'esclave se retourne et son visage s'illumine. Le vieil homme qui l'a interpellée est l'évêque Pothin, accompagné de Biblis, une femme de leur communauté. Ils viennent acheter du vin pour le prochain « repas du Seigneur », cette célébration qui rythme la vie des chrétiens. On y fait mémoire du dernier repas de Jésus Christ avec ses disciples.

– Viendras-tu ce soir ? demande Pothin.

– Oui, répond Blandine, radieuse. Ma maîtresse me laisse la soirée.

Voici le secret de la liberté de Blandine. Elle appartient à la famille des chrétiens, qui se considèrent tous comme les enfants d'un même Père. À leurs yeux, il n'y a ni esclaves ni maîtres, seulement des baptisés sauvés par Jésus Christ.

---

1. Aujourd'hui, Lyon.

Les ragots du marché

– Ils sont suspects ces chrétiens, murmure le client suivant dès que Pothin et ses deux compagnes se sont éloignés.
Le marchand de vin écarquille les yeux :
– Pourquoi ?
– Leurs réunions… il s'y passe des choses affreuses. Ils commettent des crimes que ni toi ni moi, nous ne pouvons imaginer.
Le marchand bredouille :
– Tu… tu crois ? Les chrétiens me paraissent être d'honnêtes personnes.
– Ne te fie pas aux apparences, susurre le client. Ils refusent d'adorer l'empereur. Rappelle-toi les inondations de cet hiver : c'était leur faute. Ils ont fâché la déesse Cybèle. Et puis… ajoute le client à voix basse. Ils mangent de la chair humaine !

« Nous sommes chrétiens et ne faisons rien de mal »

Hélas ! Les rumeurs enflent au fil des semaines. Personne ne prend le risque de défendre ces chrétiens sur lesquels on raconte les horreurs les plus absurdes. Un jour, les autorités romaines décident d'en finir avec eux. Blandine est arrêtée, avec près de cinquante compagnons.
L'évêque Pothin meurt en prison, épuisé. Les autres sont torturés. Pour sauver sa vie, Biblis terrifiée assure à ses accusateurs qu'elle ne croit plus en Jésus. Mais aussitôt, elle se rappelle que la vie ici-bas n'est pas grand-chose à côté de la vie éternelle promise par Jésus. Alors elle déclare d'une voix forte :
– Ce n'est pas vrai ! Je reste chrétienne, fière et heureuse de l'être !
Maltraitée, Blandine continue à sourire, et n'a qu'une phrase aux lèvres :
– Nous sommes chrétiens et nous ne faisons rien de mal.
Ses accusateurs haussent le ton :
– Bien sûr que si ! Et vous allez être mis à mort dans l'arène.
Elle répète haut et clair :
– Nous sommes chrétiens et nous ne faisons rien de mal.
Beaucoup de témoins sont impressionnés et savent qu'elle dit vrai. Un jour, malgré le danger, certains oseront suivre son exemple et demander le baptême.

Dans l'amphithéâtre de Lyon, la foule est chauffée à blanc par le soleil et l'excitation.
Père, regarde cette fille : elle a mon âge, elle me ressemble…
C'est une esclave. Et chrétienne. Rien à voir avec toi.
OOOOOH !
À MORT !
TRAÎTRES DE FAUVES !
Esclave peut-être, mais elle a le sang-froid d'une princesse ! Quel est le secret de sa force ?
Certains spectateurs sont furieux mais d'autres s'interrogent.
C'est nul !
Quel prodige ! cette fille est protégée !
Si Blandine est finalement décapitée, son martyre amène de nombreux Lyonnais à la foi. L'Église de Lyon est vivante et continue à donner du fruit.

BLANDINE, *la douce obstination de la foi*

Prénom : Blandine.
Frères : les martyrs lyonnais, ses frères dans la foi : Pothin, Vettius, Maturus, Ponticus…
Métier : esclave.
Victorieuse de plusieurs supplices : fouet, fauves, gril, taureau.
Moment de faiblesse : aucun qui ait été vu des témoins.
Moment de force : sourire, force morale et assurance devant ses bourreaux.
Patronne : des servantes, de la ville de Lyon.

Le sais-tu ?

L'art chrétien (tableaux, statues) représente Blandine comme une jeune fille sereine, un lion à ses pieds, pour rappeler que les fauves n'ont pas voulu la tuer.
Elle tient aussi une palme à la main. La palme est le symbole des martyrs, en référence au livre de l'Apocalypse, où saint Jean a la vision d'une foule de personnages vêtus de blanc et tenant des palmes à la main, qui se tiennent devant le trône du Seigneur. L'ange lui explique qu'il s'agit de ceux « qui viennent de la grande épreuve ».

EUSÈBE DE CÉSARÉE (v. 265-339) Eusèbe est évêque de la ville de Césarée, en Palestine. Il échappe de peu à la persécution de Dioclétien et devient proche de l'empereur Constantin Ier, qui accorde la liberté de culte aux chrétiens en 313. Il écrit l'histoire des premiers temps de l'Église et c'est par lui que nous connaissons le martyre de sainte Blandine, grâce à sa *Lettre des martyrs de Lyon*.

Le cas Biblis
Biblis est citée dans le récit d'Eusèbe de Césarée comme ayant momentanément trahi sa foi (un peu comme saint Pierre après l'arrestation de Jésus). On appelle « renégat » ou « apostat » un chrétien qui affirme renoncer à sa religion sous la menace ou la torture. Eusèbe précise bien que Biblis s'est ressaisie très vite.

- **43 av. J.C.** Fondation de Lugdunum (Lyon)
- **0** Naissance de Jésus.
- **157** L'Église de Lyon prospère, dirigée par l'évêque Pothin et son assistant Irénée.
- **Vers 162** Naissance de Blandine (date précise inconnue).
- **177** Martyre de Pothin, de Blandine et de nombreux autres chrétiens de Lyon.
- **Vers 330** Eusèbe de Césarée publie l'*Histoire ecclésiastique* où il raconte notamment le martyre de Blandine.

Prière à sainte Blandine

Sainte Blandine,
la parole de Dieu t'a rendue libre ;
elle a été ta force et ta joie,
elle est devenue ta raison de vivre.
Aide-nous à l'écouter
pour qu'elle nous transforme
et nous donne le bonheur.

Aide-nous à vivre comme des disciples de Jésus,
à annoncer son amour autour de nous.

Que ta foi rayonnante et ton sourire nous inspirent.

Veille aussi sur tous les chrétiens qui,
aujourd'hui encore,
sont persécutés dans le monde
et ont besoin de l'aide du Ciel pour tenir bon.

Amen.

Saint Tarcisius
(IIIe siècle)

Rome, année 257. Les chrétiens vivent dans la peur, du moins ceux qui sont encore libres, car nombre d'entre eux croupissent en prison. L'empereur Valérien a lancé une vaste persécution à leur encontre : les arrestations et la confiscation de leurs biens permettent de remplir les caisses de l'Empire ! Parmi ces chrétiens qui vivent sous la menace, il y a Tarcisius, jeune servant d'autel…

Un climat dangereux

La célébration est finie, mais les chrétiens réunis au fond des souterrains de Saint-Calixte prolongent leur prière silencieuse. Personne n'est pressé de se disperser au grand jour. Depuis des mois, Rome est une ville dangereuse pour les disciples de Jésus Christ. Les arrestations se multiplient, surtout parmi les chrétiens dont la noblesse et la richesse suscitent la convoitise de l'empereur. Les catacombes ne constituent d'ailleurs qu'un piètre refuge, car les soldats en connaissent les tunnels par cœur ! Le pape Étienne Ier a été mis à mort ici voilà quelques semaines, alors même qu'il célébrait la messe. Malgré le risque, il est réconfortant de rester prier ensemble dans ces galeries fraîches et obscures où reposent de nombreux chrétiens retournés à Dieu.

Mission d'importance

Soudain, la voix du prêtre rompt le silence :

– Qui veut bien aller faire communier nos frères prisonniers ? Je dois rendre visite à Trophime, qui est malade chez lui.

Un garçon lève les yeux. C'est Tarcisius, le servant d'autel. À la lueur de la torche, il scrute les visages et se rend compte que tout le monde hésite. Les visites aux prisonniers ont beau être permises, si on tombe sur un gardien mal disposé, on risque de se retrouver à son tour du mauvais côté des barreaux, d'être jeté au cachot sans autre forme de procès.

– J'irai ! déclare Tarcisius en se levant d'un bond.

– Non, pas toi. Tu es trop jeune, répond le prêtre.

Au centre de tous les regards, Tarcisius se tient très droit :
–Justement : ils ne m'arrêteront pas, je ne les intéresse pas. Que pourraient-ils me confisquer ?

Un grand honneur

Le prêtre réprime un soupir. Tarcisius a raison, hélas ! C'est surtout l'argent qui intéresse l'empereur.
Il enveloppe dans un linge blanc ce disque de pain qui est devenu le Corps de Jésus par la célébration de l'Eucharistie.
– Va porter Jésus à nos frères, dit le prêtre à mi-voix en tendant le paquet à Tarcisius.
L'enfant cache le précieux colis contre son cœur, sous sa tunique. Il est heureux. Il communie aussi souvent que possible, mais c'est la première fois qu'on lui confie l'honneur de porter Dieu sur lui.
Le prêtre ajoute :
– Je n'ai pas besoin de te recommander la plus grande prudence.
Tarcisius sourit au célébrant. Il corrige les plis de son vêtement pour camoufler la bosse discrète où loge Jésus.
– Je me ferais tuer plutôt que de laisser quelqu'un l'attaquer.

En bonne compagnie

Le prêtre fait une dernière annonce : l'assemblée de demain se déroulera chez Laurent, un chrétien qui habite dans un autre quartier de la ville. Il est plus prudent de varier les lieux de rendez-vous !
Les chrétiens s'en vont à travers la galerie souterraine pour ressortir à l'air libre. Le célébrant et Tarcisius sortent en dernier :
– Par où vas-tu passer pour aller à la prison ? demande le prêtre au jeune garçon.
– Par la *via Appia*. C'est le chemin le plus court.
– Évite les mauvaises rencontres. Je n'aime pas conseiller d'être méfiant, mais là, tu seras seul, alors...
– Seul ? répète Tarcisius avec un sourire amusé, en montrant du doigt l'endroit où il dissimule Jésus. Je n'ai jamais marché en si bonne compagnie !

Sur la voie Appienne qui traverse Rome...
Ces gens ont l'air de m'attendre...
Seigneur, conduis-moi par des routes sûres, malgré ceux qui me guettent*.
* Psaume 26.
Tiens, salut Tarcisius.
T'as l'air pressé !
Qu'est-ce que tu caches là ?
Laissez-moi passer.
C'est un chrétien !
Mort à tous ses semblables !
Si je traverse les ravins de la mort, je ne crains aucun mal, car tu es avec moi : ton bâton me guide et me rassure*.
* Psaume 22.
Il a donné sa vie pour protéger l'hostie. Il est le saint patron des premiers communiants.

TARCISIUS, *le vaillant petit porteur de Dieu*

Parce qu'il a donné sa vie dans les circonstances que l'on connaît, Tarcisius est le saint patron des servants d'autel et des enfants qui communient pour la première fois. Il est fêté le 15 août.

Le sais-tu ?

C'est également dans les catacombes de Saint-Calixte que l'on trouve pour la première fois l'inscription du nom « pape », donné à saint Marcellin, mort martyr en l'an 304.

LES CATACOMBES DE SAINT-CALIXTE Situées près de la voie Appienne, creusées vers le milieu du IIe siècle, les catacombes de Saint-Calixte sont les plus étendues de Rome. Elles comptent quatre niveaux de souterrains occupant environ vingt kilomètres. Il s'agit du plus ancien cimetière chrétien de Rome : des dizaines de milliers de premiers chrétiens y reposent, parmi lesquels saint Tarcisius.

L'ÉPITAPHE DE TARCISIUS C'est le pape Damase Ier (305-384) qui nous a permis de connaître l'histoire de Tarcisius en faisant graver ces lignes sur le tombeau du jeune martyr :

Le vertueux Tarcisius portait les saintes espèces du Christ
Alors qu'une foule de méchants le pressait de les faire voir aux impies ;
Mais lui préféra perdre la vie et se faire tuer
Plutôt que de montrer à des chiens enragés les membres célestes.

À quoi servaient les catacombes ?
Si elles pouvaient occasionnellement servir de lieux de réunion, les catacombes chrétiennes étaient avant tout des cimetières (du latin *coemeteria*, « dortoirs » : lieux où reposaient les morts en attendant la résurrection).
En effet, contrairement aux Romains, les chrétiens refusaient de brûler les corps des défunts. Ils devaient donc les enterrer à l'extérieur de la ville pour respecter la loi : toutes les catacombes sont situées en-dehors des limites de la Cité antique.

Chronologie des persécutions contre les chrétiens dans l'Empire romain

Les sources chrétiennes anciennes évoquent dix vagues de persécutions d'ampleur variable. Citons-en six :

64 Persécutions de Néron. L'empereur Néron accuse les chrétiens d'avoir provoqué l'incendie de Rome. Les saints Pierre et Paul sont exécutés.

112 Persécutions de Trajan. Le christianisme se répand et inquiète les autorités. L'empereur décide de traquer ceux qui seront dénoncés (sauf si la dénonciation est anonyme).

177 Persécutions de Marc-Aurèle. Martyre de sainte Blandine et de ses compagnons lyonnais.

249-250 Persécutions de Dèce. Obligation de faire des sacrifices aux dieux pour protéger l'Empire. Les chrétiens qui refusent sont mis à mort.

257-258 Persécutions de Valérien. **Tarcisius est lapidé.**

303-304 Persécutions de Dioclétien, la dernière, très violente. Les chrétiens membres de l'armée et de l'administration sont massacrés.

Prière à saint Tarcisius

Saint Tarcisius,
tu as été l'ami de Jésus
jusqu'à prendre la défense
de cette hostie qu'on voulait t'arracher.

Tu savais que Dieu était là,
entre tes mains.

Veille sur nous quand nous recevons l'Eucharistie.
Aide-nous à communier avec une foi ardente
pour que nous sachions recevoir Jésus comme il le mérite,
comme un maître et un ami
qui vient demeurer en nous.

Amen.

Saint Louis de Gonzague (1568-1591)

Fils aîné d'une famille de la haute noblesse italienne, le jeune Louis de Gonzague est promis à un avenir doré. La fortune, les titres, le pouvoir lui sont acquis à l'avance. Pourtant, adolescent, Louis s'interroge sur le sens de la vie et commence à se dire que le bonheur véritable n'est peut-être pas dans cette existence privilégiée.

En plein doute

La surface du bassin reflète les traits d'un page de treize ans, mais ce n'est pas sa propre image qu'il regarde. Songeur, il contemple la somptueuse façade du palais de l'Escurial tout juste achevé pour Sa Majesté le roi Philippe II d'Espagne.

Un caillou s'abat dans l'eau, aspergeant son pourpoint de velours.

– Eh ! Louis, tu rêvasses encore ?

Louis se retourne et sourit à son ami Felipe qui appartient aussi au corps des pages.

– Il faut aller te changer ! Le bal commence dans une heure.

Louis soupire. Sa main plonge dans l'eau limpide et décrit des moulinets sous la surface, brouillant le reflet du château.

– À quoi bon ? lâche-t-il dans un murmure.

– Pardon ? lui demande Felipe surpris.

– Les bals ? Changer de pourpoint plusieurs fois par jour ? Le palais ? La vie à la cour ? À quoi ça sert ?

L'autre page reste perplexe :

– Eh bien, à nous préparer pour l'avenir ?

– « Mon royaume n'est pas de ce monde », reprend Louis à mi-voix.

Un silence stupéfait lui répond. Louis s'en amuse :

– C'est Jésus qui le dit dans l'Évangile, ce n'est pas moi.

– Ah ! Bon. Je comprends, affirme Felipe, même si son regard étonné le contredit.

Louis se détourne du bassin, et ajoute :

– Moi, je cherche encore où est le mien. Où est mon royaume, où est mon devoir.

Le grand renoncement

– Père, laissez-moi, s'il vous plaît, choisir la voie de la prêtrise. Mon cœur m'y appelle. Jésus me le demande.

La voix de Louis a fini de résonner sous les majestueux plafonds de la demeure des Gonzague à Castiglione, dans le duché de Mantoue. Mais un long silence plane avant que Ferdinand Ier réponde à son fils d'une voix nouée :

– C'est impossible, Louis. Tu es l'aîné…

– … d'une famille nombreuse, réplique Louis. Je renonce de bon cœur à tous mes droits et tous mes titres, que Rodolphe portera avec honneur.

Ferdinand de Gonzague a du mal à renoncer à tous les projets humains qu'il avait faits pour son fils. Heureusement, le chemin que Louis veut suivre réjouit sa maman, Marta, qui l'a élevé dans une foi profonde. Marta aide son époux à accepter la vocation de leur fils. Plus tard, Ferdinand en sera heureux aussi.

Louis l'étudiant

Le 2 novembre 1585, au cours d'une cérémonie officielle, Louis transmet tous ses privilèges à son jeune frère. Il a dix-sept ans. Il est libre. Il entre sans attendre au noviciat de la Compagnie de Jésus, fondée moins de cinquante ans plus tôt par Ignace de Loyola.

Les jésuites l'obligent à suivre de solides études à Rome. Louis s'y consacre avec ardeur, voyant enfin du sens à tout ce qu'on lui enseigne. Il ne sait pas encore où on l'enverra servir Jésus, mais peu lui importe. Le service du roi d'Espagne ne lui inspirait aucun enthousiasme. Pour le service de Dieu, il irait au bout du monde avec joie !

Tout donner

– Servir, servir, tu n'as que ce mot à la bouche, grommelle le maître des novices. Mais sais-tu, Louis, que pour bien servir il faut d'abord apprendre à obéir ?

Nous sommes en 1587 et, depuis son entrée au noviciat, ce n'est pas la première fois que Louis de Gonzague s'attire ce reproche. Ce ne sera pas non plus la dernière ! L'éducation qu'il a reçue, et qui le destinait à commander, lui a forgé un tempérament fougueux et parfois impérieux. Louis n'est pas toujours capable d'humilité et d'obéissance, vertus importantes chez les jésuites.

– Pardon, Père, soupire-t-il. J'ai encore beaucoup de progrès à faire.

– Mets-toi à l'école du Christ, répond avec bienveillance le maître des novices. Médite les Évangiles. Vois comme notre Seigneur s'est fait serviteur.

Louis s'efforce de suivre ce conseil. L'exemple et la parole de Jésus ne cessent de faire grandir sa foi et le préparent à tout donner – tout, même sa vie s'il le faut – pour répondre à l'appel de Dieu.

Rome, juin 1591. Les rues sont désertes à cause d'une épidémie de peste.
Personne ne s'attarde dehors par peur de tomber malade.
Pourtant, Louis de Gonzague sillonne la ville.
Va-t'en ! Tu ne peux plus rien pour lui.
Ce que vous faites aux malades, c'est à moi que vous le faites.
Louis surmonte une répugnance bien réelle pour emmener le malade à l'hôpital.
Merci.
Il faut guérir, maintenant !
Chacun est traité avec égards. Ceux qui meurent s'en vont en paix dans l'espérance.
Qui perd sa vie à cause de moi la sauvera.
Louis contracte la peste à son tour.
Si c'était à refaire, je le referais... Pour que ces hommes ne meurent pas désespérés et abandonnés.
Il retourne à Dieu le 21 juin 1591.

LOUIS DE GONZAGUE, *l'étudiant intrépide*

Nom : Gonzague.
Prénom : Louis.
Nombre de frères et sœurs : neuf.
Formation : page à la cour du roi d'Espagne puis novice dans la Compagnie de Jésus.
Naissance : 9 mars 1568 à Castiglione delle Stiviere (duché de Mantoue, Italie).
Mort : 21 juin 1591 à Rome.
Moments de faiblesse : lorsqu'il avait des difficultés à obéir.
Moments de force : lorsqu'il a surmonté son point faible pour se mettre au service de Jésus.

La Compagnie de Jésus
Fondée par Ignace de Loyola à l'issue d'un long discernement spirituel, la Compagnie de Jésus s'est d'emblée donné pour but d'être au service inconditionnel du pape et de l'Église partout dans le monde. Les jésuites bénéficient d'une longue formation au noviciat avant leur ordination sacerdotale. À l'époque de Louis de Gonzague, de nombreux jésuites sont déjà partis en mission en Asie, en Amérique, en Afrique.

LOUIS DE GONZAGUE est le saint patron des jeunes, des étudiants, et aussi des malades du sida.

- **1540** Fondation de la Compagnie de Jésus.
- **1556** Mort d'Ignace de Loyola à Rome.
- **1568** Naissance de Louis de Gonzague.
- **24 août 1572** Massacre de la Saint-Barthélémy en France, où les guerres de religion font rage.
- **1588** Expédition ratée de l'*Invincible Armada* (tentative du roi Philippe II d'Espagne pour détrôner la reine Elisabeth d'Angleterre et rétablir le catholicisme là-bas).
- **1591** Mort de Louis de Gonzague.
- **1604** Béatification de Louis de Gonzague.
- **1726** Canonisation de Louis de Gonzague.

Prière à saint Louis de Gonzague

Saint Louis de Gonzague,
aide-nous à nous laisser forger par la parole de Dieu.
Toi qui voulais servir Dieu de mieux en mieux,
aide-nous à travailler avec énergie,
à progresser chaque jour.

Que ton exemple nous aide à mieux aimer notre prochain,
à nous comporter en vrais chrétiens
dans notre vie de tous les jours.

Protège les malades,
toutes les personnes qui les soignent avec dévouement,
tous les chercheurs qui luttent contre les maladies graves,
tous ceux qui œuvrent pour généraliser l'accès aux soins médicaux
partout dans le monde d'aujourd'hui.

Nous t'en prions.

Amen.

Sainte Kateri Tekakwitha (1656-1680)

« Que le salut parvienne jusqu'aux extrémités de la terre ». L'histoire de Kateri Tekakwitha est l'un des beaux exemples d'accomplissement de cette demande, faite par Dieu aux premiers apôtres (Ac 13, 47). La petite Amérindienne du XVIIe siècle a rencontré, jusque dans son pays natal, le salut et la lumière venus de Terre sainte. Voici son histoire.

Celle qui avance en hésitant

L'automne fait rougeoyer les prairies en cette année 1661. Dans un campement iroquois, une vieille femme s'est assise sur un rocher, sa petite-nièce de quatre ans blottie contre elle. Toutes deux offrent leur visage au soleil encore chaud et restent un instant en silence, à écouter le chant de la cascade. Puis la femme se penche sur la petite pour lui caresser les joues. Ses doigts, durcis et craquelés par les ans, effleurent une peau encore plus abîmée que la sienne. Elle regarde le visage de l'enfant, tout grêlé de cicatrices : la fillette se remet de la variole. Ses jeunes parents et son frère en sont morts.

La vieille femme soupire.

– Tu distingues quand même ces couleurs de feu, Tekakwitha ?

Tekakwitha est le nouveau nom de la petite fille. Il signifie : « Celle qui avance en hésitant », car la variole a rendu l'enfant malvoyante.

Tekakwitha répond :

– Oui, je les vois.

La vieille femme note avec plaisir que l'orpheline se remet à sourire.

Trois hommes étranges

Six ans ont passé. Un beau matin de 1667, dans le nouveau village où vit Tekakwitha, adoptée par un oncle qui en est le chef, elle voit arriver trois hommes étranges vêtus de noir. Elle plisse les yeux pour les regarder et croit distinguer une petite croix qu'ils portent sur eux. Qu'est-ce que c'est ?

– Tekakwitha ! Dépêche-toi, crie une tante au loin. J'ai besoin de ton aide pour le repas.

Tekakwitha ne comprend pas ce ton fâché, comme si on voulait l'éloigner de ces étrangers. La nuit venue, alors qu'elle fait semblant de dormir, elle entend ses deux tantes discuter à voix basse dans le tipi :

– Sa mère avait été élevée par eux, dit l'une. Elle croyait à leur Dieu.

– Mouais ! C'était une Algonquine, répond l'autre avec mépris. Mais pas de ça chez nous. Le père de la petite était un vrai chef iroquois. On ne peut pas être iroquois et chrétien.

Parlez-moi de votre Dieu

– Avez-vous entendu ce craquement ? demande le père Pierron, jésuite, à ses deux confrères qui veillent avec lui devant un feu de camp.

Le père Frémin se lève, sur ses gardes. Mais l'ombre qui s'approche n'est pas celle d'un coyote. Bientôt, à la lueur des flammes, ils découvrent une jeune Amérindienne au visage marqué des cicatrices de la variole.

– Bonsoir, mon enfant, lui dit le père Pierron en lui parlant dans la langue iroquoise. As-tu besoin de quelque chose ?

Tekakwitha répond par une question :

– Que veut dire « chrétienne » ? Ma mère était chrétienne… Ce sont mes tantes qui l'ont dit.

Les prêtres échangent un regard étonné.

– Assieds-toi : nous allons te répondre, mais nous ne pouvons pas le faire en un clin d'œil !

Tekakwitha la lumineuse

Le soleil brille en ce 18 avril 1676, mais la clarté qui inonde le cœur de Tekakwitha est plus vive encore. Elle vient d'être baptisée au cours de la messe de Pâques. Le prêtre lui dit avec un sourire :

– Tu es désormais une enfant de Dieu, et tu t'appelleras Kateri, Catherine.

Quel bonheur ! Voilà des années que Tekakwitha rêvait de consacrer sa vie à Jésus Christ, dont les missionnaires jésuites lui ont raconté la vie, la mort et la résurrection, ce soir-là, lorsqu'elle leur a parlé pour la première fois. Mais son projet était irréalisable : sa famille adoptive voulait la marier malgré elle. Ses refus répétés lui ont valu d'être maltraitée.

Alors Tekakwitha s'est enfuie de son village. Elle a trouvé refuge dans la mission catholique du Sault-Saint-Louis. Aujourd'hui, une vie nouvelle commence pour elle. Elle a vingt ans, elle est libre et baptisée ; elle espère aider à faire rayonner la foi chrétienne sur les terres des Iroquois. Et peu lui importe la précarité de sa santé qui décline rapidement.

Quatre ans plus tard, Kateri Tekakwitha est usée par la maladie. Mais quel exemple elle donne encore, quelle lumière elle répand autour d'elle !

Mission Saint-François-Xavier, devant les rapides du Saint-Laurent.
Songeur, père Claude ?
Déçu et triste... Je me sens inutile.
J'ai idéalisé la vie de missionnaire. Les cœurs ne s'ouvrent pas ici.
Venez. Je vais vous présenter quelqu'un.
Kateri vous fait mentir. Sa foi est plus forte que la nôtre.
L'amour de ma vie, c'est Jésus.
Merci de vos visites, Père.
Le père Chauchetière vient régulièrement au chevet de Kateri.
Elles me font grandir dans la foi.
Vous savez, Kateri, la réciproque est vraie !
Le père Chauchetière écrit sur la jeune femme un témoignage qui mènera plus tard à la canonisation de l'Amérindienne. Kateri nous rappelle que le salut de Dieu rayonne sur tous les peuples.

KATERI, *la disciple amérindienne*

Nom de naissance : inconnu.
Nom reçu à la mort de ses parents : Tekakwitha.
Nom de baptême : Kateri (Catherine).
Origine : Iroquoise par son père, Algonquine par sa mère.
Famille : parents et petit frère morts de la variole en 1661.
Baptême : 18 avril 1676.
Moments de faiblesse : une tendance à s'infliger des mortifications sévères en croyant plaire à Dieu (malgré les conseils des prêtres jésuites).
Moments de force : grande résistance aux épreuves de la vie, grâce à sa foi.

Les peuples autochtones de la région du fleuve Saint-Laurent
Avant l'arrivée des Européens, plusieurs tribus peuplent la région. Les plus importantes sont :
– les Iroquois, appelés aussi Agniers ou Mohawks ;
– les Algonquins ;
– les Hurons ;
– les Etchemins.
Algonquins et Hurons sont fréquemment en guerre contre les Iroquois, redoutables guerriers. Le commerce de la fourrure de castor, recherchée par les Européens, n'arrange rien. La christianisation des Hurons et des Algonquins exacerbe les tensions avec les Iroquois.
Kateri Tekakwitha est née d'un mariage entre un Iroquois et une Algonquine, ce qui est assez exceptionnel dans ce contexte.

☞ LES MARTYRS CANADIENS Au cours des vingt ans qui ont précédé la naissance de Tekakwitha, huit missionnaires français ont été mis à mort par les Iroquois. On peut citer parmi eux les saints René Goupil, Isaac Jogues et Jean de Brébeuf. Ce dernier était fin connaisseur de la langue et de la culture des Hurons, avant l'élimination quasi systématique de ceux-ci par les guerriers iroquois. Les martyrs canadiens ont été canonisés en 1930 par le pape Pie XI.

1534 Découverte du Canada par Jacques Cartier.

1603 Traité de la Grande-Alliance, signé entre l'explorateur français Samuel de Champlain et des chefs amérindiens (Algonquins, Montagnais et Etchemins). Grâce à lui, les Français peuvent fonder Québec et Montréal.

1650-1700 Guerres entre Iroquois et Algonquins.

1656 Naissance de Tekakwitha.

1667 Paix entre la France et les Iroquois.

17 avril 1680 Mort de Kateri Tekakwitha.

Prière à sainte Kateri Tekakwitha

Sainte Kateri,
on t'avait surnommée « Celle qui avance en hésitant »,
mais tu voyais très bien avec les yeux du cœur,
et tu as marché d'un pas déterminé
sur le chemin de la foi.

Aide-nous à nous laisser guider comme toi
par la parole de Dieu,
par la main de Jésus Christ.

Aide-nous à sourire
même dans les difficultés,
et à garder toujours une confiance inébranlable
dans la Providence,
la sagesse de Dieu qui veille sur nous.

Protège tous les Amérindiens d'aujourd'hui,
et intercède pour toutes les minorités ethniques du monde,
surtout celles qui sont menacées et maltraitées dans leurs pays.

Amen.

Saint Dominique Savio
(1842-1857)

Né en Italie au XIXe siècle, au sein d'une famille assez pauvre, Dominique aurait pu ne jamais aller à l'école, car l'instruction n'était pas obligatoire dans ces années-là. Pourtant ses parents ont souhaité lui donner la chance d'étudier. En prenant leur décision, comment auraient-ils pu se douter qu'ils provoqueraient la rencontre entre deux grands saints de l'Histoire : Don Bosco et leur propre fils !

Un garçon astucieux

Dans la pénombre de l'humble cuisine où madame Savio a fait entrer Don Bosco, la première chose que distingue le prêtre, ce sont deux yeux bruns lumineux qui éclairent un visage un peu trop pâle. L'enfant a l'air intimidé. Pour briser la glace, le prêtre lui adresse un bon sourire.
– C'est toi, Dominique ? On m'a dit grand bien de toi.
« On », c'est le curé du village de Mondonio, qui connaît depuis toujours ce petit bonhomme. Depuis des années, il voit Dominique marcher seize kilomètres par jour pour aller en classe, parce qu'il n'y a pas d'école dans le village où son père est forgeron et sa mère couturière.
– Qu'est-ce que tu veux faire plus tard ? lui demande Don Bosco, tandis que six ou sept enfants, frères et sœurs de Dominique, se massent, curieux, à l'entrée de la cuisine.
– Être prêtre.
– Beau métier ! Mais tu sais qu'il exige des études solides ?
– C'est pour ça que je voudrais entrer au Valdocco…
– Bon, dit le prêtre en ouvrant un petit livre tiré de sa poche. Tu vois cette page ? Essaie de l'apprendre par cœur pendant que je discute avec tes parents.
La conversation est brève. Une minute plus tard, Dominique s'approche des adultes :
– J'ai terminé.
– Ah ! Toi, la lenteur n'est pas ton problème ! s'exclame le prêtre.

Première rentrée en ville

Septembre 1854. L'air sec et vif annonce l'automne, mais ce n'est pas lui qui fait frissonner les narines de Dominique. Dans le quartier populaire du Valdocco, à Turin, les cheminées de la ville dégagent une forte odeur de charbon, insolite pour le nouveau pensionnaire à qui on fait visiter le dortoir.

– Salut Dominique ! lui disent les anciens. Don Bosco nous a parlé de toi. Tu lui as beaucoup plu.

– T'es pas épais, dis donc ! Faudra que tu joues beaucoup au ballon avec nous pour te remplumer.

– Il doit être costaud sous ses airs de moineau, juge le plus baraqué des garçons. Paraît que tu n'avais pas peur de marcher quatre heures par jour, seul, pour aller à l'école et revenir…

– Je n'étais pas seul, puisque Dieu est toujours avec chacun de nous, répond Dominique.

Un silence stupéfait accueille ses mots.

– Quoi ? ajoute-t-il, malicieux. J'ai dit une bêtise ? Ce n'est pas vrai ?

Un instrument de paix

Les cris de rage attirent l'attention de Dominique, qui ouvre la fenêtre de la bibliothèque. Dans la cour, deux garçons se sont empoignés. Ce n'est pas la première fois : ces deux-là ne peuvent pas se supporter.

Ils ont roulé au sol où ils échangent coups de poing et griffes. Dominique se précipite au dehors juste au moment où Giuseppe s'éloigne après avoir étourdi Gianni d'une bourrade dans l'estomac. Mais Gianni se relève et ramasse un gros caillou :

– Retourne-toi, si t'es un homme ! braille-t-il.

Giuseppe fait volte-face. Comprenant l'intention de son adversaire, plus vif que l'éclair il saisit une pierre, lui aussi.

Mais… Il y a un obstacle sur la trajectoire. Dominique a bondi entre les deux garçons.

– Pousse-toi, gringalet ! hurle Gianni.

– Non, tant pis, tuez-moi d'abord, répond Dominique.

Les deux pierres retombent au sol en même temps, tandis que Gianni et Giuseppe s'éloignent dans des directions opposées en haussant les épaules.

C'est que malgré l'air fluet de Dominique, il y a chez lui quelque chose d'indéfinissable qui lui donne plus d'autorité que n'en aurait n'importe quel surveillant. Ce ne sont pas ses bonnes notes, ni son sérieux en classe. C'est surtout la certitude, répandue dans l'école, que ce drôle de garçon vit en compagnie de Jésus. Il le reçoit d'ailleurs le plus souvent possible dans l'Eucharistie. Et il a l'air de vouloir s'en approcher chaque jour davantage.

24 juin 1855. Turin fête la Saint-Jean. La ville honore son saint patron !
Le collège de Don Bosco fête aussi ce jour spécial.
Don Bosco s'est engagé à offrir à ses élèves un cadeau de leur choix.
Du chocolat !
Chocolat, nougat, charcuterie, tout y passe...
Le salami, c'est toi, Francesco ?
« Aidez-moi à devenir un saint. »
Ça alors !
Cette demande est signée « Dominique »...
Le secret de la sainteté, c'est d'abord la joie. Puis les études, la prière, le service du prochain.
Merci, Padre.
Savio, ménage-toi !
Mais je me sens bien aujourd'hui.
Toute l'année de 3e, Dominique suit les conseils de Don Bosco, malgré sa santé fragile.
Oh ! comme c'est beau, ce que je vois !
9 mars 1857. Dominique est emporté par la tuberculose. Ses derniers mots prouvent à sa famille qu'il a atteint son but : devenir un saint.

DOMINIQUE SAVIO, *la sainteté, et vite* !

Nom : Savio.
Prénom : Dominique (Domenico en italien).
Métier des parents : forgeron, couturière.
Frères et sœurs : neuf.
Projet d'avenir : être prêtre.
Moments de faiblesse : tristesse quand sa maladie interrompt ses études et le prive de ses amis.
Moments de force : détermination pour vivre sa foi à l'école.

Le sais-tu ?

Dominique Savio est le saint patron des jeunes délinquants (parce qu'il a aidé plusieurs camarades au profil difficile à retrouver le chemin de la foi). Il est aussi le patron des petits chanteurs.

Un binôme de saints
Saint Jean Bosco (1815-1888) est un prêtre italien qui a consacré toute sa vie à l'éducation de la jeunesse, et en particulier des enfants pauvres de Turin, cité ouvrière qui vivait l'essor industriel mais aussi les cruelles inégalités sociales de cette époque.
Il a connu saint Dominique Savio par l'intermédiaire du curé de ce dernier, lors d'un séjour dans sa ville natale ; en effet, les deux saints étaient « voisins », nés dans des villages situés à quatre kilomètres l'un de l'autre.
Don Bosco a pris Dominique sous son aile et a assuré son éducation avec un soin tout particulier. Connus dans le monde entier, leurs noms sont souvent associés aujourd'hui.

ALLER À L'ÉCOLE : UN CHOIX C'est en 1859 que l'école devient obligatoire dans la région du Piémont où vivait Dominique Savio. L'Italie précède la France dans ce domaine, puisque Jules Ferry ne rend l'instruction obligatoire qu'en 1882. Le trajet quotidien de seize kilomètres que Dominique accomplissait pour se rendre en classe dans les années 1850-1854 était donc volontaire, approuvé par ses parents qui reconnaissaient sa soif d'apprendre et son aptitude à étudier.

- **16 août 1815** Naissance de Jean Bosco.
- **1841** Ordination de Don Bosco qui, découvrant la pauvreté ouvrière, fonde l'Oratoire dans le quartier du Valdocco, à Turin.
- **2 avril 1842** Naissance de Dominique.
- **1844** Création des cours du soir par Don Bosco.
- **1847** Création d'un foyer d'apprentis.
- **1848** Création d'une école secondaire et de camps de vacances.
- **1848-1871** « Risorgimento » (lente révolution qui aboutira à l'unification italienne).
- **1854** Dogme de l'Immaculée Conception.
- **9 mars 1857** Mort de Dominique.
- **1859** Don Bosco crée la Société de Saint-François-de-Sales (les Salésiens).
- **1861** Turin devient la première capitale du royaume d'Italie.

Prière à saint Dominique Savio

Saint Dominique,
toi qui étais connu dans ta famille et parmi tes amis
pour avoir toujours le sourire,
inspire-nous cette grande qualité.

Aide-nous à faire rayonner autour de nous
la joie de croire et la joie de vivre.

Veille sur les élèves du monde entier
et spécialement sur ceux qui sont victimes de harcèlement,
en classe ou sur les réseaux sociaux.

Toi qui défendais toujours ceux dont on se moquait,
aide-nous à être courageux
et à ne pas tolérer les injustices,
la méchanceté, les insultes à l'école,
mais à agir en vrais chrétiens.

Amen.

Bienheureux Pier Giorgio Frassati (1901-1925)

Pier Giorgio est un garçon drôle, sportif et sympathique, qui fait quand même parfois soupirer ses parents. Pourquoi ce refus de choisir une belle carrière ? Pourquoi ces absences inexpliquées aux réceptions mondaines de la famille et des amis ? La vie de Pier Giorgio comporte des énigmes… qui vont trouver une explication en juillet 1925.

Un petit garçon au grand cœur, déjà

– Alfredo, je crois qu'on a frappé, dit madame Frassati, le pinceau en l'air, devant la toile où elle peint un paysage de montagne.

Son mari va ouvrir. Le petit Pier Giorgio, curieux, se glisse derrière lui à travers les belles pièces de la demeure bourgeoise des Frassati. La porte d'entrée s'ouvre sur un homme au visage usé par l'âge et la pauvreté. L'enfant voit son père réprimer un mouvement de recul.

– La charité ! coasse le mendiant d'une voix éraillée.

Son haleine empeste le vin. Cette fois, malgré sa bonne éducation, Alfredo Frassati esquisse une grimace et referme la porte.

Pier Giorgio est pétrifié, semblable aux statues de ce beau vestibule bourgeois. Soudain, retrouvant ses esprits, il fond en larmes et court vers Adélaïde Frassati.

– Maman, c'est un devoir d'aider les pauvres, c'est Dieu qui le demande !

Là-haut sur la montagne

Été 1912. La cime enneigée du mont Castor scintille sous le ciel bleu. Juché à 4200 mètres d'altitude, Pier Giorgio jubile en contemplant les montagnes et les vallées qui s'étendent à perte de vue.

– Il faut redescendre, lui dit sa maman en lui posant la main sur l'épaule.

– Quoi, déjà ?

– D'autres sommets t'attendent. À onze ans, tu as l'âge de te mettre à la randonnée et même à l'escalade.
– Oui. On se sent tout près du ciel, ici. Tout près de Dieu.
Madame Frassati sourit. La foi de son fils la touche, même si elle ne la partage pas tellement. Elle va à la messe par devoir. Son mari, lui, n'y va pas du tout. Chez Pier Giorgio, on sent que la prière est un élan personnel, surtout depuis sa première communion l'an dernier.

Un peu sans-gêne, le Pier Giorgio !

Été 1921. Les bruits de la fête s'estompent, les derniers invités rentrent chez eux. La maîtresse de maison voit s'approcher Pier Giorgio, le fils de ses amis Alfredo et Adélaïde.
– Merci, Madame, quelle soirée formidable !
– Tu es arrivé en retard... Tu t'es quand même amusé ?
– Je vous en demande pardon. J'avais beaucoup de travail...
– Tes parents vont bien à Berlin ? Ton père se plaît toujours à son poste d'ambassadeur ?
– Il est content de servir notre pays ! Puis-je vous demander ce que vous comptez faire de ces gerbes magnifiques ? demande Pier Giorgio en désignant les dizaines de bouquets qui ornent le grand salon.
– Je ne sais pas ! Nous croulons sous les fleurs.
– Est-ce que vous m'en donneriez quelques-unes ?
La question est un peu indélicate, mais la maîtresse de maison acquiesce avec bienveillance. Elle le sait, Pier Giorgio n'a pas toujours les codes de la bonne société et cela agace ses parents. En réalité, personne ne sait que ses retards sont dus à ses visites quotidiennes aux pauvres de Turin, pour les nourrir, leur acheter des médicaments, leur apporter des vêtements. Personne ne se doute que les bouquets servent à fleurir leurs tombes lorsqu'ils meurent.

La vie est belle

1923. Revoici Pier Giorgio en montagne. Cette escapade lui fait un bien fou, comme d'habitude. En regardant le paysage de là-haut, il a l'impression de s'offrir une journée de retraite, une vision d'ensemble sur sa vie. Il offre à Dieu ses études d'ingénieur en vue de travailler un jour dans une usine auprès des ouvriers, ses visites aux pauvres, sa vie de foi nourrie par la messe et la prière... Pier Giorgio se sent joyeux malgré des motifs de tristesse. L'avènement du régime fasciste en Italie l'inquiète autant que son père. Alfredo Frassati a démissionné de son poste d'ambassadeur pour ne pas représenter un gouvernement qu'il déteste. Que va devenir l'Italie sous la houlette de ce dictateur ? Bah ! La montagne est si belle. Il fait parfois bon laisser ses soucis dans la plaine. Pier Giorgio voit surtout des raisons d'être optimiste. Il est jeune, costaud, heureux, entouré de bons amis et d'une foule de pauvres gens qui sont sa deuxième famille... Oui, la vie est belle pour un chrétien.

Juin 1925.
Parfait ! Assure-moi sec !
Ça va, Pier Giorgio ?
Sommet ! Bravo !
Merci, Pier Giorgio. C'est magnifique.
Tu peux venir à la soirée de Mario demain ?
Non, j'ai déjà un engagement...
C'est auprès des pauvres que Pier Giorgio avait promis de se rendre.
J'apporte les médicaments prescrits par le médecin.
Comment te remercier ?
29 juin 1925. Pier Giorgio se sent épuisé, mais ne s'en plaint pas, croyant à une grippe.
Va porter ces médicaments de ma part...
Atteint d'une poliomyélite contractée auprès des pauvres, il meurt le 4 juillet en s'occupant de ses amis jusqu'au bout.
Sa famille voit affluer une foule impressionnante à son enterrement.
Vous ne saviez pas que Pier Giorgio avait pour amis tous les pauvres de Turin ? Votre fils est un saint.
?
Le pape Jean-Paul II, lui aussi sportif et montagnard, béatifie Pier Giorgio en 1990 et place sous son patronage les Journées mondiales de la jeunesse.

PIER GIORGIO, *de la montagne au ciel*

Nom : Frassati.
Prénom : Pier Giorgio.
Origine : Turin (Italie).
Père : Alfredo Frassati, directeur de journal, sénateur, ambassadeur.
Mère : Adélaïde Ametis, artiste peintre.
Sœurs : deux (Elda, morte en bas âge, et Luciana, morte en 2007).
Études : ingénieur des Mines.
Patron : Journées mondiales de la jeunesse.

QU'EST-CE QU'UN TIERS-ORDRE ? C'est une association de chrétiens laïcs qui se sentent spirituellement proches d'un ordre monastique particulier, au point de vivre au plus près de sa règle, évidemment adaptée à leur vie laïque. Ainsi, le tiers-ordre dominicain est proche de l'ordre des frères prêcheurs fondé par saint Dominique au XIIIe siècle ; Pier Giorgio en faisait partie. Il existe aussi le tiers-ordre franciscain ou le tiers-ordre du Carmel.

Les Conférences Saint-Vincent-de-Paul
Fondées à Paris en 1833 par quelques étudiants laïcs, dont le bienheureux Frédéric Ozanam, les conférences Saint-Vincent-de-Paul sont des groupes de chrétiens qui s'organisent pour soulager la pauvreté à l'échelle de leur quartier : aides aux pauvres, visites aux malades et aux personnes âgées ou solitaires, alphabétisation… Pier Giorgio fut membre d'une conférence dans sa ville de Turin. Quoique discrète, l'action des conférences est impressionnante aujourd'hui encore : environ huit cent mille bénévoles répartis sur les cinq continents aident quotidiennement trente millions de personnes démunies.

- **6 avril 1901** Naissance de Pier Giorgio.
- **1913** Alfredo Frassati, le père de Pier Giorgio, devient sénateur.
- **Août 1914** Début de la Première Guerre mondiale.
- **1918** Pier Giorgio entre dans une Conférence Saint-Vincent-de-Paul.
- **Novembre 1918** Fin de la guerre. L'Italie est déçue par le traité de paix de Versailles.
- **1918-1922** Alfredo Frassati est ambassadeur d'Italie à Berlin.
- **28 mai 1922** Pier Giorgio devient membre du tiers-ordre dominicain.
- **28 octobre 1922** Avènement de Benito Mussolini, le dictateur fasciste.
- **4 juillet 1925** Mort de Pier Giorgio.

Prière au bienheureux Pier Giorgio Frassati

Bienheureux Pier Giorgio,
tu avais pour devise « Vers le haut ».
Apprends-nous à partager cette devise avec toi,
en faisant la volonté de Dieu
qui nous tirera vers les sommets.

Aide-nous à ne pas glisser
vers les pentes de la médiocrité,
de l'égoïsme, de la vanité,
mais à élever notre âme
en demandant à Dieu plus de bonté et de générosité.

Aide-nous à marcher joyeusement en cette vie
et à partager largement notre joie autour de nous,
notamment en nous préoccupant des pauvres,
des personnes fragiles, seules ou malades.

Et maintenant que tu es arrivé sur la Montagne Sainte,
prie le Seigneur pour tous les bénévoles
qui viennent en aide à leur prochain
dans le monde d'aujourd'hui.

Amen.

Saints Francisco et Jacinta Marto (1908-1919 / 1910-1920)

Francisco et sa sœur Jacinta ont huit et six ans et déjà un métier, celui de garder les moutons de leurs parents, dans cette campagne portugaise où l'école n'est pas encore obligatoire au début du XXe siècle. Un beau jour de mars 1916, ils exercent leur tâche quotidienne en compagnie de leur cousine Lucia, lorsque le Ciel descend soudain à leur rencontre.

Comme une statue de neige

Francisco ne sait ni lire ni écrire, mais il est largement capable de compter jusqu'à dix ! S'il s'est arrêté à neuf *Je vous salue Marie* au lieu de finir sa dizaine, ce n'est pas par erreur, mais parce qu'il a hâte de jouer. Les moutons sont calmes, la journée se passe bien. Dès qu'il aura bouclé sa prière, il ira s'amuser avec Jacinta et Lucia qui ont terminé la leur. Déjà il lève les yeux pour voir où elles sont… et reste bouche bée.

Sa sœur et sa cousine ont, comme lui, les yeux fixés sur la silhouette insolite qui resplendit au milieu du champ. C'est un très jeune homme éclatant de blancheur, comme la neige.

– N'ayez pas peur, dit-il. Je suis l'ange du Portugal.

La prière de l'ange

Le visiteur céleste leur apparaît plusieurs fois au cours des mois suivants. En cette année où la Première Guerre mondiale bat son plein, il leur apprend à dire cette prière pour consoler Dieu de la violence qui règne dans le monde : « Mon Dieu, je crois, j'adore, j'espère et je vous aime. Je vous demande pardon pour ceux qui ne croient pas, n'adorent pas, n'espèrent pas et ne vous aiment pas. »

Au fil de ses visites, Francisco ne songe même plus à abréger ses dizaines de chapelet. Prier est devenu plus qu'un devoir : un bonheur. La lumière qui irradie de l'ange éclaire sa vie. Il ne sait pas encore qu'une autre visiteuse céleste va bientôt venir à Fatima...

La Dame

Le 13 mai 1917, Jacinta est toujours dans les prés de Cova da Iria, à Fatima. Francisco et Lucia sont avec elle. Il est midi lorsque ses yeux noirs s'écarquillent en fixant un chêne nain. Un petit nuage léger s'est posé dessus et sert de marchepied à la plus belle personne que Jacinta ait jamais vue : une dame vêtue de blanc, qui la regarde comme une maman.
Un coup d'œil à droite et à gauche lui apprend que Francisco et Lucia la voient aussi. Cette dame n'est-elle pas celle qu'ils prient dès qu'ils disent leur chapelet ?
Comme en rêve – mais la réalité est tellement plus belle – Jacinta entend la Dame se mettre à parler avec Lucia, lui demander de prier pour la paix dans le monde et la conversion des pécheurs. Elle ne perd pas une miette du dialogue. Francisco, lui, n'entend pas les paroles échangées, mais ses yeux ont droit à cette vision extraordinairement belle.

Fidèle aux rendez-vous

13 juillet 1917. Toute la région bruisse de rumeurs : depuis mai, le 13 de chaque mois, les trois bergers de Fatima reçoivent la visite d'une dame qui est peut-être la Vierge. Sera-t-elle ponctuelle au rendez-vous pour la troisième fois ? La foule rassemblée sur le pré est impressionnante, mais certains curieux n'y croient pas et se moquent ouvertement : ces enfants racontent n'importe quoi ! D'ailleurs, même les prêtres et les évêques restent très prudents, voire réticents, et refusent d'apporter la caution de l'Église à ces « apparitions ».
Sourds aux discussions qui vont bon train autour d'eux, Jacinta, Lucia et Francisco prient le chapelet à genoux. Soudain leur visage s'éclaire :
– Elle est là !
Longtemps, la belle Dame leur parle.
– Continuez, leur dit-elle, à dire le chapelet tous les jours en l'honneur de Notre Dame du Rosaire, et priez pour la paix dans le monde.
Vers la fin de la rencontre, Lucia demande avec respect s'il est possible de faire en sorte que les gens soient convaincus de la réalité des apparitions.
La Dame répond par une promesse : le 13 octobre, un miracle aura lieu.

13 octobre 1917. Il a plu toute la matinée.
Elle est là !
Le soleil revient !
C'est un miracle !
Le soleil danse !
Le prodige fait sensation. Jacinta, Francisco et Lucia ne le voient pas, occupés à contempler la Vierge.
Les enfants continuent à prier pour la fin de la guerre. Elle arrive en 1918.
Seigneur, que la paix revienne !
Hélas ! une terrible épidémie de grippe espagnole éclate. Les Marto sont touchés.
Francisco est rappelé à Dieu le premier, suivi par Jacinta quelques mois plus tard.
Fatima devient un centre de pèlerinage mondialement célèbre. Il touche et transforme les cœurs.
Le 13 mai 2017, pour le centenaire de la 1re apparition de la Vierge, le pape François canonise Francisco et Jacinta.

FRANCISCO ET JACINTA, *les bergers de Fatima*

Nom : Marto.
Prénoms : Francisco et Jacinta (François et Jacinthe).
Lieu de naissance : Aljustrel, paroisse de Fatima.
Père : Manuel Marto.
Mère : Olimpia Marto.
Métier : bergers.
Talent de Francisco : musique (jouait du fifre de roseau).
Talents de Jacinta : danse, poésie.

FRANCISCO ET JACINTA VUS PAR LEUR COUSINE LUCIA

Devenue religieuse carmélite, Lucia a vécu jusqu'à l'âge de quatre-vingt-dix-sept ans, elle est retournée à Dieu en 2005. Interrogée sur le caractère de ses cousins, elle en parlait ainsi : « Francisco était un enfant bon, réfléchi, à l'âme contemplative ; alors que Jacinta était vive, plutôt susceptible, mais très douce et aimable. »

Le sais-tu ?

Le miracle du soleil

Lors de la dernière apparition, celle du 13 octobre, soixante-dix mille personnes se sont rassemblées à Fatima pour guetter le miracle annoncé par la Vierge. Il pleut des cordes pendant que la foule patiente. Soudain le ciel s'éclaircit et le soleil paraît. Peu après, il se met à danser dans le ciel en y projetant des couleurs, pendant dix minutes. Toutefois, les observatoires du pays ne relèvent aucune activité insolite du soleil à cette heure-là. Les avis restent donc partagés sur ce miracle qui – comme tout miracle ! – demande un acte de foi.

Les anciens pâturages de Fatima ont laissé place à un grand sanctuaire, la basilique Notre-Dame-du-Rosaire, dont la première pierre a été posée en 1928. Le centre de pèlerinage s'est agrandi au fil des décennies, avec l'édification d'une esplanade, d'une seconde basilique et de structures d'accueil. C'est que le sanctuaire de Fatima accueille chaque année plus de six millions de pèlerins !

- **11 juin 1908** : Naissance de Francisco.
- **5 mars 1910** : Naissance de Jacinta.
- **5 octobre 1910** : Révolution au Portugal. Le roi Manuel II s'enfuit. La République est proclamée. Début d'une période d'instabilité politique au Portugal, où règne une grande pauvreté.
- **Août 1914** : Début de la Première Guerre mondiale.
- **Mars 1916** : Apparitions de l'ange du Portugal.
- **Automne 1916** : Un contingent de cinquante mille soldats portugais rejoint les lignes de front en France pour se battre dans le camp allié (aux côtés des Français).
- **13 mai 1917** : Première apparition de la Vierge à Fatima.
- **13 octobre 1917** : Sixième et dernière apparition de la Vierge à Fatima.
- **1918** : Fin de la guerre. Début de l'épidémie de grippe espagnole.

Prière à sainte Jacinta et saint Francisco

Sainte Jacinta, saint Francisco,
apprenez-nous à prier avec autant de profondeur que vous.
Apprenez-nous à avoir l'âme limpide
pour vivre tournés vers Dieu, dans la lumière de son amour.

Vous qui avez tant prié sur terre pour la conversion des pécheurs,
aidez-nous à dire non au péché,
à reconnaître que nous sommes tout petits devant le Seigneur,
et à revenir à lui.

Priez du haut du ciel
pour notre monde d'où la guerre n'a pas disparu,
et demandez à Dieu de faire régner sa paix dans le cœur de tous les hommes.

Notre Dame de Fatima,
avec Jacinta et Francisco,
avec leur cousine Lucia,
priez pour nous.

Amen.

Vénérable Anne de Guigné
(1911-1922)

C'est l'histoire d'une petite fille que rien ne prédisposait à la sainteté. Souvent odieuse avec son frère et ses sœurs, désobéissante envers ses parents, colérique et envieuse, elle était redoutée de tous dans le château où elle vivait. Seulement, c'est aussi l'histoire de la grâce de Dieu, à qui rien n'est impossible…

Un caprice de plus

Noël 1914. Dans le salon du château d'Annecy-le-Vieux, un feu pétillant essaie de réchauffer l'atmosphère, mais les cœurs sont serrés : il manque quelqu'un à la fête. Jacques de Guigné, le père d'Anne, Jacques, Magdeleine et d'un quatrième enfant qui va bientôt naître, est parti à la guerre depuis le mois d'août.

Le grand-père des enfants a tout fait pour que la fête soit douce malgré cette absence. Des cadeaux s'étalent devant la cheminée. Anne, trois ans et demi, se précipite sur le sien.

– Oh ! s'exclame sa maman Antoinette. Quelle magnifique petite chaise !

D'un regard, elle remercie son beau-père. Mais Anne, elle, a les yeux fixés sur sa cousine, ou plutôt sur la table que celle-ci a reçue. Anne bondit pour la lui arracher :

– C'est cette table que je veux !

Adultes et enfants se figent, éberlués par tant d'ingratitude. Comme ils sont durs, ces caprices à répétition, ces mots et ces gestes insupportables. Anne cessera-t-elle, un jour, de terroriser son entourage ? Après un long silence, le grand-père se lève :

– Quand cette petite aura vingt ans, je plains sa mère.

Et il quitte la pièce en claquant la porte.

La terrible nouvelle

Le matin du 30 juillet 1915, Anne comprend qu'il se passe quelque chose de grave. Sa maman pleure en la réveillant.

Elle prend Anne dans ses bras, la serre contre son cœur.

– Ton papa… est mort… à la guerre, annonce-t-elle.

Le choc est énorme pour la petite fille de quatre ans. Anne accompagne sa maman à la messe. Seul Dieu peut donner la force de vivre cette épreuve.
– Qu'est-ce que je peux faire pour vous consoler, Maman ? demande-t-elle.
Antoinette de Guigné regarde sa fille. Elle répond, d'un ton grave mais tendre :
– Si tu veux me consoler, essaie d'être bonne.
Ces mots pénètrent dans l'âme de la petite fille colérique et impérieuse. Elle décide de changer. Elle ne pourra pas le faire seule, mais elle sait très bien à qui demander de l'aide.

Métamorphosée

En cet hiver 1916, Antoinette de Guigné, dont la santé est fragile depuis la mort de son mari, s'est installée à Cannes avec ses enfants, sur le conseil de son médecin. Anne a cinq ans et demi. En un an et demi, elle s'est métamorphosée. Quand ses amies d'école, à Cannes, entendent parler de son ancien caractère jaloux et tyrannique, elles éclatent de rire :
– Toi, Anne ! Tu faisais des colères ? Ha ha ha !
Qu'est-ce qui a pu transformer Anne ? Une amitié de tous les jours avec Jésus. Elle a décidé d'entrer dans cette amitié et de ne plus jamais en sortir. Plus tard, elle souhaite être carmélite. Dans l'immédiat, elle voudrait surtout faire sa première communion. Les religieuses qui lui font le catéchisme soutiennent sa demande auprès du père Perroy, un jésuite.
– C'est encore un bébé, dit le prêtre, sceptique.
– Posez-lui des questions et jugez, répondent les sœurs.
Le père Perroy interroge longuement la petite fille. Au terme de l'entretien, il hoche la tête :
– Je souhaite que nous soyons toujours au niveau d'instruction religieuse de cette enfant !
Et il accepte qu'Anne reçoive l'Eucharistie le 26 mars 1917.
Cela renforce encore l'amitié de la petite fille avec Jésus.

L'hiver à Cannes

– Anne, viens vite ! Le docteur t'attend.
Anne remonte en courant la pelouse du château, son frère courant derrière elle. Tous deux rient aux éclats. Depuis qu'Anne a changé d'attitude en famille, les petits adulent leur aînée. Ils passent des heures à jouer dans la lumière dorée d'octobre. En cet automne 1921, comme tous les ans, les Guigné vont quitter Annecy pour passer l'hiver à Cannes. La visite du pédiatre, juste avant leur départ, est une routine et se passe très vite.
– Anne est éclatante de santé, conclut le médecin avec satisfaction. Je vous souhaite un bon hiver à tous !
Ce diagnostic reste encore vrai à l'arrivée sur les rives de la mer Méditerranée. Anne retrouve avec joie ses amies cannoises et les religieuses du catéchisme. Elle a apporté dans le Sud sa foi, son sourire, son habitude de prier chaque jour, son amitié avec Jésus. Ce sont désormais ses bagages habituels. Des bagages précieux qu'elle va bientôt emporter avec elle au ciel.

Cannes, janvier 1922.
Comme chaque année, la famille d'Anne passe l'hiver dans le Sud.
Hélas ! fin décembre, Anne est atteinte d'une méningite.
Ne pleurez pas, Maman. Je n'aime pas vous voir triste.
C'est pour vous que j'ai essayé de m'améliorer.
Tu as réussi, Anne, tu es mon rayon de soleil.
Anne se sent appelée par son ange gardien, qu'elle a toujours prié.
Ma soeur, je peux aller avec les anges ?
Oui, ma belle.
La bonne volonté d'Anne a fait de sa vie une trajectoire éclair, vers la sainteté. Puisse-t-elle nous inspirer !

ANNE DE GUIGNÉ, *la colère apprivoisée*

Nom : de Guigné.
Prénom : Anne.
Père : Jacques de Guigné, capitaine de chasseurs alpins.
Mère : Antoinette de Guigné.
Date et lieu de naissance : 25 avril 1911, château d'Annecy-le-Vieux (Haute-Savoie).
Frère et sœurs : trois.
Moments de faiblesse : caprices et colères dans sa petite enfance.
Moments de force : conversion par la prière, pour consoler sa maman.

Le sais-tu ?

Devant le chemin spirituel admirable d'Anne de Guigné, le pape Jean-Paul II l'a proclamée vénérable en 1990. Des associations souhaiteraient aujourd'hui que l'Église aille plus loin et qu'Anne soit béatifiée pour sa vie exemplaire.

LA COMMUNION DES ENFANTS Le pape Pie X signe le décret *Quam Singulari*, le 8 août 1910, qui autorise les enfants à faire leur première communion à sept ans (il fallait jusqu'alors attendre douze ans). Cette décision lui est inspirée par l'histoire de la petite Ellen Organ, Irlandaise, morte de la tuberculose en 1908, à l'âge de quatre ans. Peu de temps avant sa mort, son évêque l'avait autorisée à recevoir l'Eucharistie comme elle le demandait avec insistance.

- **25 avril 1911** Naissance d'Anne.
- **9 juillet 1912** Naissance de Jacques.
- **4 septembre 1913** Naissance de Magdeleine.
- **28 juin 1914** Assassinat du prince héritier d'Autriche-Hongrie à Sarajevo, élément déclencheur de la Première Guerre mondiale.
- **1er août 1914** Mobilisation générale en France.
- **4 janvier 1915** Naissance de Marie-Antoinette.
- **22 juillet 1915** Mort du capitaine Jacques de Guigné en Alsace.
- **11 novembre 1918** Armistice.
- **14 janvier 1922** Mort d'Anne.

Prière à Anne de Guigné

Chère Anne,
tu as su te battre contre tes défauts
avec une volonté de fer
et en demandant chaque jour son aide à Jésus.

Tu as ainsi progressé très vite
sur le chemin de la sainteté.
Tu n'as rien accompli de spectaculaire
aux yeux du monde,
et pourtant,
tu as réalisé l'exploit le plus courageux qui soit :
changer ton cœur, te « convertir ».

Aide-nous à faire de même,
par amour pour nos parents,
notre famille, nos amis,
et par amour pour Jésus Christ.

Nous t'en prions.

Amen.

Saint José Luis Sanchez del Rio (1913-1928)

1926. La révolte gronde à travers le Mexique. Le gouvernement a privé les prêtres de leurs droits civiques : interdiction de porter une tenue religieuse, de voter, d'exprimer leurs opinions comme tout citoyen. Il interdit aussi l'éducation religieuse des enfants, restreint la liberté de culte, interdit les ordres monastiques. Lors d'une période de résistance pacifique, les catholiques sont scandalisés par le meurtre de prêtres et de protestataires. À présent, ils prennent les armes. Dans la ville de Sahuayo vit un garçon de treize ans qui ne perd pas une miette de ces graves événements…

C'est la guerre

Dans la belle maison des Sanchez del Rio résonnent ce matin des cliquetis métalliques, des voix fortes, des pas impatients. José ouvre un œil, bondit de son lit et fonce au salon. Ses grands frères, Miguel et Macario, campés devant le miroir, ajustent leurs tenues militaires. Macario fait tinter ses éperons l'un contre l'autre ; Miguel fourbit nerveusement le métal de son pistolet.

– Allons, c'est l'heure. Partez, dit leur père avec une émotion contenue.

Il veut masquer sa peine et son angoisse. Sa femme fond en larmes.

– Emmenez-moi avec vous, supplie José en se jetant dans les bras de Miguel.

Leur maman l'arrache aux bras de son aîné.

– Ah, non, pas toi ! s'écrie-t-elle. À treize ans, heureusement tu es trop jeune !

– Je veux servir Jésus !

– Tu le serviras en restant à la maison et en priant.

– Nous avons besoin de tes prières, Joselito, dit doucement Miguel. Le Mexique en a besoin.

Je sais faire cuire les haricots !

1927. José Luis, la plume en l'air, réfléchit à la manière de conclure sa lettre. Soudain, un sourire espiègle fleurit sur ses lèvres. Il regarde le crucifix de son bureau, trempe la plume

dans l'encrier et finit la phrase inachevée : « … Général, vous me trouvez encore trop jeune pour me battre, mais je sais faire cuire les haricots comme personne, et je connais des histoires drôles qui maintiendront le moral des troupes. »
Quelques semaines plus tard, séduit par cette lettre de motivation originale, le général Prudencio Mendoza a accepté José Luis comme porte-drapeau. L'adolescent fait connaissance avec les champs de bataille et la vie dans les campements. Fracas des combats, odeur de la poudre, galopades, cris des blessés, rien n'entame son ardeur. Sans se battre, il pousse avec les autres le cri de ralliement des cristeros : « Vive le Christ Roi ! » Il prie pour que cessent l'injustice et la violence. Comment vivre heureux dans un pays où le gouvernement bafoue la liberté de conscience, punit pêle-mêle les sacristains qui font sonner les cloches, les parents qui apprennent à leurs enfants à prier, les prêtres dont le seul crime est d'avoir consacré leur vie à Dieu et au service de leur prochain ?

Prenez mon cheval, mon général !

5 février 1928. Un coup de feu claque. À travers la fumée, le vaillant porte-drapeau voit le cheval du général s'effondrer. Le cavalier tombe aussi, indemne mais privé de monture.
– Prenez mon cheval ! crie José en sautant à terre. Les cristeros ont besoin de vous !
Prudencio Mendoza n'a même pas le temps de refuser. Dans la mêlée, José a disparu de son champ de vision, et le cheval est là. Le général bondit en selle :
– Vive le Christ Roi ! s'époumone-t-il, et il repart au combat.
Pendant ce temps, José se débat comme un lion pour échapper aux soldats de l'armée fédérale qui se sont rués sur cette proie facile. Il est capturé.
– Je ne me rends pas, lâche-t-il par bravade.
Mais il ne fait pas le poids face à ces hommes suréquipés. On l'emmène dans la sacristie de l'église de Sahuayo, qui va lui servir de prison.

Nous nous retrouverons

Les jours suivants sont durs. Le père de José, apprenant l'arrestation de son fils, offre une rançon pour le faire libérer : peut-on décemment considérer comme criminel un adolescent de quatorze ans qui ne portait pas les armes ? Il n'a fait que tenir un drapeau et prier Dieu de rendre la raison au gouvernement oppresseur !
Sa demande est refusée. En haut lieu, on a donné des ordres inavouables : éliminer tous les cristeros[1], sans procès, sans pitié. José apprend qu'il n'a aucune chance de survivre à cette arrestation. Il écrit à sa tante pour qu'elle console sa maman. Même ses dernières lettres sont pleines de force et de foi. Il ne regrette rien, sinon de faire pleurer madame Sanchez. Une grande espérance habite son cœur dans la nuit. Il rédige ce dernier petit mot qu'on trouvera plus tard dans sa poche : « Ma petite Maman. Me voilà pris et ils vont me tuer. Je suis content. La seule chose qui m'inquiète est que tu vas pleurer. Ne pleure pas, nous nous retrouverons. José, mort pour le Christ Roi. »

1. Voir explication page 58.

10 février 1928, 23h. Sahuayo dort, plongé dans l'obscurité du couvre-feu. Soudain...
Vive le Christ Roi ! Vive la Vierge de Guadalupe !
C'était la voix du petit José !
Impossible ! Il est enfermé.
Petit, si tu tiens à la vie, c'est « Mort au Christ Roi » qu'il faut crier.
Vive le Christ Roi !
Ces monstres de fédéraux ! Ils l'ont blessé aux pieds pour le faire souffrir.
José ! Je veux te suivre.
Vis ! Tu auras d'autres moyens de servir le Christ.
Petit, crie « Mort au Christ Roi » et on te donnera une fortune pour aller vivre aux États-Unis.
Mais José Luis crie une dernière fois « Vive le Christ Roi », et tombe sous les balles.
Le 16 octobre 2016, le pape François canonise José Luis pour le courage exemplaire avec lequel il a tenu bon dans sa foi.

JOSELITO, *soldat sans armes et cœur vaillant*

Nom : Sanchez del Rio.
Prénom : José Luis, dit « Joselito ».
Père : Macario Sanchez.
Mère : Maria del Rio.
Frères et sœurs : trois.

Le sais-tu ?

Les cristeros : les chiffres
On estime à cinquante mille le nombre de combattants cristeros au plus fort de la révolte. Quarante mille d'entre eux sont tués au combat mais aussi, pour beaucoup, massacrés sans procès après leur capture.

UN AUTRE MARTYR MEXICAIN Le bienheureux Miguel Augustin Pro (1891-1927) entre chez les jésuites à vingt ans. En 1914, les premières lois anticléricales le forcent à s'exiler en Belgique. Aussitôt après son ordination là-bas en 1926, il rentre au Mexique. Inventif et téméraire, il multiplie les déguisements pour exercer son ministère et célébrer des messes clandestines jusqu'à son arrestation l'année suivante. Ses deux frères et lui sont faussement accusés d'avoir essayé de tuer un homme politique.
Il pardonne à ses bourreaux avant son exécution, photographiée « pour l'exemple » ; mais l'image de cet instant où il étend ses bras en croix pour crier « Vive le Christ Roi » encourage au contraire les résistants ! Miguel Pro est béatifié en 1988 par le pape Jean-Paul II.

PORFIRIO DIAZ ET LE « PORFIRIAT » La Révolution mexicaine de 1911 et tous les troubles politiques qui ont suivi jusqu'à la révolte des cristeros ont pour cause initiale trente année de dictature appelées le « Porfiriat ». Le général Porfirio Diaz mène une politique de modernisation rapide du Mexique, qui enrichit les classes sociales les plus aisées, mais au prix de terribles inégalités : la majeure partie de la population reste extrêmement pauvre. C'est ce système injuste que la Révolution abat en 1911. Cependant, quoique soucieux de justice sociale, les révolutionnaires sont aveuglés par leur haine de l'Église qu'ils considérent comme une force d'oppression. Injustes et violents à leur tour, ils ne vont pas tarder à révolter les consciences…

Au départ, « cristero » est un sobriquet moqueur trouvé par leurs adversaires qui les entendent n'avoir que ce mot à la bouche (« Cristo Rey », Christ Roi). Les révoltés l'adoptent avec fierté et s'en servent pour se désigner eux-mêmes !

- **1876-1911** Régime dictatorial de Porfirio Diaz.
- **1911** Révolution au Mexique.
- **28 mars 1913** Naissance de José Luis.
- **1917** Le Mexique adopte une Constitution sévèrement anticléricale.
- **1924-1928** Présidence de Plutarco Elias Calles, qui hait les catholiques. Ses lois iniques mènent à la révolte des cristeros.
- **11 décembre 1925** Encyclique *Quas primas*. Le pape Pie XI institue la fête du Christ-Roi.
- **23 novembre 1927** Martyre du bienheureux Miguel Pro.
- **Février 1928** Martyre de José Luis.

Prière à saint José Luis Sanchez del Rio

Saint José,
inspire-nous ton courage et ton sourire
dans cette vie qui nous en demande chaque jour
même si tu as connu des épreuves plus terribles que nous.

Aide-nous à écouter toujours notre conscience
sans tricher avec elle,
sans faire de compromis avec ce qui est mal.

Aide-nous à choisir le bien.
Aide-nous à servir le Christ, roi de l'univers,
qui a été ton ami
et pour qui tu as tout donné.

Inspire-nous le désir
de rester toujours dans son amitié
et de n'en jamais sortir.

Amen.

Bienheureux Marcel Callo
(1921-1945)

La sainteté peut fleurir même au cœur des ténèbres. L'exemple de Marcel Callo en est une preuve : ce jeune Français a témoigné de sa foi en Jésus alors qu'il était prisonnier en Allemagne pendant la Seconde Guerre mondiale, sous l'impitoyable dictature nazie d'Adolf Hitler.

Chevalier du XXe siècle

– Petit page Marcel Callo, quelle sera ta devise ?
L'enfant brun lève un regard clair sur l'aumônier qui l'interroge avec un sourire. Il répond d'une voix cristalline :
– Prier, communier, me sacrifier et être apôtre !
Le prêtre hoche la tête, ému par le sérieux du garçon qui fait aujourd'hui son entrée à la Croisade eucharistique. Dans les années 1920, ce mouvement de jeunes forme les enfants à être de vrais compagnons de Jésus, à son service, à son écoute. Marcel est une recrue prometteuse. Dernier d'une famille de neuf enfants, il a déjà une foi ardente qu'il met en pratique par d'autres engagements, en particulier dans le scoutisme. Être apôtre ? Cela lui ressemble. Il éprouve la certitude de l'amour de Jésus pour tous les hommes. Il voudrait faire connaître autour de lui cette bonne nouvelle qui rend libre et heureux.

Bienvenue à la JOC

– Entrer à la JOC ? Toi ? Tu es déjà ouvrier ?
Le responsable de la Jeunesse ouvrière chrétienne à Rennes toise avec amusement ce frêle gamin à lunettes, au visage si jeune, au sourire pétillant. Marcel répond :
– Oui. Je suis apprenti dans un atelier de typographie depuis que j'ai douze ans.
– Ah ! Bon. Et tu connais le principe de la JOC ?
– Bien sûr. Mettre la prière au centre de toute mon action, dans mon travail, à la maison.
– Dans ce cas, bienvenue parmi nous, Marcel. Nous sommes heureux de t'accueillir.

C'est une grande aventure spirituelle qui commence pour Marcel. Il va vivre à la JOC un formidable épanouissement spirituel, qui prolonge la promesse de son enfance : prier, communier, se sacrifier, être apôtre. À l'atelier comme chez lui, il s'attache à être chaque jour disciple de Jésus. À la JOC, le Seigneur met sur son chemin une âme sœur, Marguerite. Elle vit du même idéal chrétien. Ils tombent amoureux l'un de l'autre et se fiancent.

Interdiction d'être apôtre !

Juin 1940. La France est vaincue et les troupes allemandes déferlent sur la Bretagne. L'occupant nazi supprime toute sorte de libertés pour étouffer toute opposition à sa tyrannie. De son point de vue, le christianisme est une religion dangereuse. En effet, pour un chrétien, le monde a un seul maître… et il se trouve que ce n'est pas Adolf Hitler ! Les nazis s'en prennent donc aux organisations catholiques. La JOC est désormais interdite. Cela n'intimide en rien Marcel et Marguerite qui restent, plus que jamais, fidèles à Jésus Christ. Marcel continue à parler de lui le sourire aux lèvres, à communiquer sa joie de croire même dans les circonstances sombres. Il participe à des réunions clandestines avec ses frères jocistes. « Être apôtre », sous le joug nazi, devient plus important et urgent que jamais.

Missionnaire dans le Troisième Reich

19 mars 1943. Marcel et Marguerite traversent Rennes dévastée. Ils ont la mort dans l'âme : dix jours plus tôt, un bombardement sur la ville a tué Marie-Madeleine, l'une des sœurs de Marcel. Et pour comble de chagrin, aujourd'hui le jeune homme doit partir en Allemagne où il est réquisitionné comme ouvrier pour accomplir son Service du travail obligatoire (STO).
Les adieux sont tristes dans la gare ravagée. Mais Marcel console sa fiancée :
– Je pars là-bas en missionnaire, Marguerite. Les Allemands ont besoin d'entendre parler du Christ. Et je reviendrai dès mon service terminé. Nous nous marierons ! Haut les cœurs !

Automne 1943. Marcel est travailleur forcé dans une usine d'armement.
On aura du pain ce soir.
Silence !
Parfait !
Le pain, c'est l'Eucharistie. Marcel assiste dès que possible à des messes clandestines.
J'ai toujours été athée, Marcel, mais tu me fais réfléchir.
Moi aussi. J'ai aimé cette réunion interdite avec les jocistes.
Apporter réconfort et soutien moral, Marcel n'en demande pas plus.
Arrêtez-les. Ces catholiques sont des ennemis de l'État.
JOC FRANCAISE
La foi contagieuse de Marcel et de ses camarades exaspère les nazis.
... comme nous pardonnons aussi...
Marcel et onze amis sont enfermés dans une prison. Ils y prient devant une croix faite avec des fleurs d'immortelles.
Marguerite chérie,
Demain on m'emmènera dans un camp. Mais avec Jésus l'on supporte tout.
Tenons bon.
Mar
Marcel meurt d'épuisement au camp de Mauthausen en mars 1945. Chrétien, missionnaire, courageux jusqu'au bout.

MARCEL CALLO, *témoin de Jésus dans les ténèbres*

Nom : Callo.
Prénom : Marcel.
Père : Jean Callo.
Mère : Félicité Callo.
Frères et sœurs : huit.
Métier : ouvrier typographe.
Patron : monde ouvrier.

Le sais-tu ?

JOC, JAC, JEC
Fondée en Belgique par le père Joseph Cardijn en 1925, importée en France dès 1927 par le père Georges Guérin, la JOC est un mouvement de jeunes créé pour les milieux ouvriers. Rejoindre une section de la JOC est un moyen de pouvoir vivre sa foi avec des frères chrétiens, dans un monde ouvrier déjà largement déchristianisé à l'époque de Marcel Callo. En 1940, la JOC compte environ 85 000 membres.
Deux autres associations semblables existent pour d'autres milieux : la JAC (Jeunesse agricole catholique) et la JEC (Jeunesse étudiante chrétienne). Ces trois associations, devenues clandestines en 1940, donneront de nombreux résistants.

LE STO Instauré en février 1943 par le gouvernement de Vichy, à la demande des Allemands, le Service du travail obligatoire contraint les jeunes Français de 21 à 23 ans (et bientôt les femmes de plus de vingt-cinq ans sans enfants) à partir travailler deux ans en Allemagne, dans les usines ou les fermes, les Allemands manquant de main-d'œuvre. Environ 650 000 Français seront ainsi transférés de force en Allemagne. 200 000 autres choisissent de désobéir à la loi et entrent dans la Résistance.
Marcel Callo, lui, a choisi de partir pour éviter des représailles contre sa famille et avec la ferme intention d'être « missionnaire » en Allemagne.

Un témoin s'exprime
Le colonel Albert Tibodo, interné à Mauthausen, a livré ce témoignage :
« J'ai connu Marcel Callo pendant quelques heures seulement, celles qui ont précédé sa mort en mars 1945, un mois et demi avant la libération. Je ne l'ai connu qu'aux dernières heures de sa vie : il est mort en quelque sorte dans mes bras. [...] Si j'ai gardé son souvenir, alors que j'ai passé par plusieurs camps et que j'ai connu de nombreux prisonniers, c'est que Marcel Callo avait un regard vraiment surnaturel. [...] Ce me fut une révélation : son regard exprimait une conviction profonde qu'il partait vers le bonheur. »

- **6 décembre 1921** Naissance de Marcel à Rennes.
- **1933** Marcel entre en apprentissage.
- **Septembre 1939** La Seconde Guerre mondiale éclate.
- **Juin 1940** Défaite de la France. Début de l'Occupation allemande.
- **1943** Marcel part en Allemagne pour le STO.
- **19 avril 1944** Arrestation pour « militantisme catholique ».
- **6 juin 1944** Débarquement allié en Normandie.
- **Hiver 1944** Les Alliés progressent vers l'Allemagne mais doivent livrer bataille dans les Ardennes.
- **20 octobre 1944** Marcel est envoyé au camp de concentration de Mauthausen (Autriche). Travaux forcés dans une usine souterraine.
- **19 mars 1945** Mort de Marcel à Mauthausen.
- **4 octobre 1987** Jean-Paul II béatifie Marcel Callo.

Prière au bienheureux Marcel Callo

Bienheureux Marcel,
aide-nous à avoir, comme toi,
l'âme ardente au service de Jésus.
Aide-nous à vivre en missionnaires
dans toutes les circonstances de notre vie.

Tu as connu la tristesse, l'épuisement, la faim et le froid,
et l'hostilité en terre étrangère,
et pourtant ces épreuves ne t'ont jamais abattu,
parce que tu plaçais ton espérance en Jésus,
vainqueur des ténèbres et du mal.

Aide-nous dans nos moments de fatigue et de découragement :
rappelle-nous que la lumière ne cesse de briller
grâce à celui dont tu étais un apôtre,
Jésus le Christ.

Amen.

Vénérable Antonietta Meo
(1930-1937)

Une jolie petite brune, cheveux au carré, regard pétillant : sur les photos de celle que ses parents surnommaient « Nennolina », on voit qu'Antonietta aime la vie, comme toutes les filles de son âge. Cette vie présente toutefois une particularité. Rares sont les enfants de six ans qui écrivent, en quelques mois, plus de cent cinquante lettres à Jésus et à la Sainte Vierge !

Drôle et courageuse

En cette matinée du 15 septembre 1936, les rayons du soleil caressent le doux visage de Nennolina assise à sa fenêtre. Son regard arpente la rue, survole les toits, s'arrête sur la façade de la basilique Sainte-Croix. Antonietta se promène mentalement dans ce quartier de Rome où elle est née il y a presque six ans, et où elle habite avec ses parents et sa sœur Margherita. Des pas familiers font grincer le parquet derrière elle.

– Bonjour, Nennolina ! Je t'aide à mettre ta prothèse ?

La petite fille fait pivoter son fauteuil roulant. Depuis le mois d'avril, elle est privée de sa jambe gauche à cause d'un cancer des os. Malgré l'inconfort de l'appareil qui la remplace, elle se lève avec vivacité de son fauteuil dès que sa maman a fini de le lui attacher.

– Je pensais à « un truc » en regardant la basilique, Maman.

– On ne dit pas un truc, Nennolina.

– Oui, bon... J'aimerais bien faire ma première communion.

– C'est drôle, répond madame Meo en souriant, parce que j'allais justement te proposer d'écrire aux sœurs pour leur en faire la demande. Elles t'autoriseraient peut-être à la préparer pour Noël...

Comment poster une lettre à Jésus ?

Quelques instants plus tard, plusieurs papiers recouvrent la table, frémissant dans les courants d'air. Antonietta a dicté son courrier, parce qu'elle ne sait pas encore écrire.

– Récapitulons, dit madame Meo avec un sourire malicieux. Je mets sous enveloppe ta lettre aux sœurs. Celle que tu as écrite à Jésus, je suis plus embêtée pour la poster !

– Tu peux la mettre sous la statue de la Vierge. Il viendra la lire.

Madame Meo s'exécute. Hop ! Elle glisse dans un tiroir vide la lettre où Nennolina exprime un amour débordant pour Jésus, avec des mots d'enfant qui ont amusé la maman.

Une maman à l'esprit pratique

Les semaines passent. Le tiroir commence à déborder de lettres adressées tantôt à Jésus, tantôt à sa maman la Vierge Marie. Quand la fermeture commence à coincer, madame Meo jette quelques lettres pour faire de la place. Certes, ces lettres sont touchantes, mais à quoi bon en faire des conserves ! C'est une maman à l'esprit pratique. À ses yeux, Antonietta est une enfant ordinaire, à qui la vie inflige une épreuve extraordinaire. Car hélas ! au fil des mois, le cancer continue sa progression. La petite fille ne se plaint jamais d'avoir mal, à tel point qu'un jour, sa maman demande au médecin :
– Docteur, ma fille ne souffre pas ?
– Avec cette maladie-là, si, forcément. Mais son courage est plus grand que ses douleurs.

Première communion

24 décembre 1936. À l'approche de minuit, Antonietta n'a pas la moindre envie de dormir avant le début de la messe de Noël. Depuis trois mois qu'elle se prépare à sa première communion, maintenant que le grand jour, ou plutôt la grande nuit, est là, elle est excitée comme une puce. À l'heure où l'Église célèbre la naissance de Jésus dans le monde, c'est avec une immense ferveur qu'elle le reçoit dans son cœur. Ses parents, sa sœur Margherita, les religieuses du catéchisme sont là pour l'entourer, et aussi ses amies du mouvement des « Benjamines » de l'Action catholique, auquel elle est fière d'appartenir. Cette nuit, elle ne souffre presque pas. Son âme déborde de joie. Elle reste plus d'une heure à genoux après avoir communié, les mains jointes, malgré sa prothèse.

La lettre d'Antonietta aux mains du pape

2 juin 1937. Antonietta dicte une nouvelle lettre à sa maman, avec peine. « Cher Jésus crucifié, je t'aime tant, tu m'es si cher ! Je veux être avec toi sur le Calvaire. Cher Jésus, dis à Dieu le Père que je l'aime beaucoup lui aussi. Cher Jésus, donne-moi la force nécessaire pour supporter ces douleurs que j'offre pour les pécheurs. » Soudain, la maman, prise d'une bouffée de révolte, froisse la lettre et la jette dans le tiroir. Quelques jours plus tard, le médecin du pape, contacté par celui de la famille Meo, vient au chevet de la petite fille, avec qui il discute longtemps.
– Votre enfant est extraordinaire, dit-il ensuite à monsieur Meo.
– Oui… Et si vous saviez combien de lettres elle écrit à Jésus et Marie !
Devant l'air étonné du médecin, monsieur Meo ouvre le fameux tiroir et lui tend le dernier courrier de Nennolina, tout froissé.
– Puis-je montrer ces lignes au Saint-Père ? demande le médecin après l'avoir lu, les larmes aux yeux.
C'est ainsi que la lettre se retrouve, l'après-midi même, entre les mains de Pie XI. Mais après tout, n'a-t-elle pas pour destinataire un personnage encore plus important : Jésus ?

Je suis envoyé par Sa Sainteté le pape pour bénir votre fille.
Sa Sainteté, et son médecin, te demandent de prier pour eux, Antonietta.
Quand tu seras guérie, nous t'emmènerons à la mer.
Sois heureuse, maman, dans un peu moins de dix jours je sortirai de ce lit.
Madame Meo ignore qu'Antonietta lui donne la date de son départ au ciel.
Bénis-moi, Nennolina
Veux-tu recevoir les saintes huiles, Antonietta ? Elles te donneront plus de force encore.
Oh oui ! je veux bien.
Et que le Seigneur soit avec toi, maintenant et toujours.
Antonietta rend son âme à Dieu à l'aube du 3 juillet, en présence de ses parents, après avoir prononcé en souriant : « Jésus, Marie, Maman, Papa ».
On raconte que le premier mot que votre fille a su prononcer est « Jésus » ?
Pas du tout ! Ça a été « Maman » comme tout le monde !
Antonietta Meo.
Le nom d'Antonietta reste connu au Vatican, car une instruction est en cours pour la proclamer « bienheureuse », digne d'inspirer les enfants d'aujourd'hui.

NENNOLINA, *une boîte aux lettres pour le Paradis*

Nom : Meo.
Prénom : Antonietta.
Père : Michele Meo.
Mère : Maria Ravaglioli.
Frères et sœurs : deux aînés au ciel, puis Margherita.

Pie XI (1857-1939)
Un pape soucieux de l'actualité

Aussi savant que sportif, il a gardé de sa jeunesse d'alpiniste une grande ténacité face aux épreuves. Aussi se montre-t-il ferme dans ces années 1930 où le fascisme, le nazisme et le communisme dominent les peuples. Il publie des encycliques pour condamner ces idéologies qui asservissent les esprits. Apprenant qu'une visite d'Hitler à Rome est prévue le 3 mai 1938, il quitte le Vatican le 30 avril avec l'ensemble du personnel de sa Maison, demande à ce qu'on n'allume aucune lumière pendant toute la semaine de la visite d'Hitler, et fait fermer les musées du Vatican pour que le Führer ne puisse pas les visiter. Pour insister sur son déplaisir à l'égard de Mussolini, il restera six mois hors de Rome, dans sa résidence de Castel Gandolfo. C'est le plus long séjour qu'un pape de l'époque moderne ait effectué hors de Rome.

Le sais-tu ?

L'Action catholique en Italie

Ce vaste mouvement d'Église, lancé en 1905, regroupe à l'époque d'Antonietta environ deux millions de membres, dont beaucoup d'enfants répartis par classes d'âge (ainsi, Antonietta a fait partie des « *Piccolissime* », toutes-petites, puis des « *Beniamine* », benjamines). À cette époque qui est celle de la dictature fasciste, l'Action catholique est un adversaire de Mussolini, qui cherche à embrigader la jeunesse dans le mouvement des Balilla (similaire aux Jeunesses hitlériennes en Allemagne). En 1937, Mussolini interdit le scoutisme et d'autres associations de jeunesse. Toutefois, la réaction ferme du pape Pie XI le retient de dissoudre l'Action catholique.

CANCER DES OS : QU'EST-CE QUE C'EST ?

Un cancer est une tumeur causée par une multiplication anarchique de cellules devenues anormales. Cette tumeur est d'abord fixée dans un endroit du corps mais elle s'étend ensuite (ce sont les « métastases »). Il y a plusieurs types de cancer des os. Celui d'Antonietta s'appelle « ostéosarcome », il attaque et abîme les os. Même si un ostéosarcome reste aujourd'hui très grave, on peut l'opérer avec beaucoup plus de chances de réussite qu'à l'époque d'Antonietta.

1922 Début de la période fasciste en Italie.

1929 Création de l'État du Vatican (accords du Latran).

15 décembre 1930 Naissance d'Antonietta à Rome.

29 juin 1931 Le pape Pie XI publie *Non abbiamo bisogno* pour protester contre le fascisme.

Mars 1937 Le pape Pie XI publie *Mit Brennender Sorge* pour dénoncer le nazisme et *Divini Redemptoris* pour dénoncer le communisme.

3 juillet 1937 Mort d'Antonietta.

1938 Lois raciales en Italie (visant en premier lieu les juifs).

1939 Mort du pape Pie XI. La Seconde Guerre mondiale éclate.

1940 L'Italie déclare la guerre à la France.

Prière à Antonietta Meo

Chère Antonietta,
toi qui écrivais souvent à Jésus et à Marie,
laisse-nous te parler à notre tour
alors que tu es au Paradis
et que nous sommes sur la terre.

Tu nous as montré par ton exemple
qu'on peut s'adresser au ciel très simplement,
avec des mots d'enfants,
et qu'on sera écouté, compris, exaucé.

Aide-nous à garder toujours cette foi
et cette simplicité pour prier Dieu,
même quand nous serons grands.

Toi qui priais beaucoup pour les autres,
inspire-nous ta générosité,
aide-nous à avoir
le cœur attentif aux besoins des autres,
à leurs joies et à leurs peines.

Amen.

Claire de Castelbajac (1953-1975)

Il y a des prénoms particulièrement ajustés aux personnes qui les portent. Claire de Castelbajac mérite bien le sien, elle qui, très tôt dans sa vie, est sensible à la lumière de Dieu, à sa bonté, et au bonheur qui en découle. Dans le vocabulaire qu'elle emploie tous les jours, le mot « joie » est l'un de ceux qu'elle prononce le plus souvent. Voici l'histoire de cette jeune fille à l'âme si rayonnante.

Une ambition pour l'avenir

– Papa, devinez ce que je voudrais être plus tard.

Monsieur de Castelbajac lève les yeux de son journal et sourit. Claire attend la réponse, debout, les yeux malicieux dans un visage un peu pâlot : depuis sa plus tendre enfance, elle enchaîne les maladies parfois graves, toxicose ou congestion pulmonaire, diphtérie ou infection intestinale… Mais sa santé fragile ne l'a jamais découragée de croquer la vie à pleines dents, dans la paix et la confiance. Ce sont ces qualités, admirables chez une enfant de huit ans, qui inspirent ces mots au papa :

– Hmmm… Je crois en avoir une idée. Religieuse, peut-être ?

Claire secoue la tête :

– Eh non ! Je veux être sainte. C'est encore plus fort que religieuse !

J'ai du bonheur en trop !

Parce qu'il n'est pas trop tôt pour commencer à réaliser ce projet, Claire est un vrai feu d'artifice de gaieté ; une gaieté qui n'a rien de superficiel mais qui trouve sa source dans une foi très profonde.

– Maman, j'ai du bonheur en trop, ça déborde. Voulez-vous que je vous en donne ? Je suis contente, contente, toute remplie de bonheur, d'un bonheur qui ne peut pas se définir !

Claire passe ainsi une enfance peu commune. Trop souvent malade pour aller en classe, elle est scolarisée à la maison. Elle a souvent mal et pourrait se plaindre. Ce n'est jamais le cas.

À douze ans, elle peut enfin commencer à aller à l'école. Comme sa famille vit dans un petit village, elle part en pension à Toulouse et reste dans la « Ville rose » jusqu'au début de l'université. La richesse des monuments historiques de cette cité extraordinaire contribue-t-elle au choix de ses études ? Claire, dont l'âme est éprise de beauté, s'oriente vers la restauration d'œuvres d'art. Elle passe un concours difficile pour partir se former à Rome. Et elle réussit !

Dans le tourbillon de Rome

1972. Voici Claire à Rome. Dans l'agitation de cette capitale où ne manquent ni les fêtes, ni le bruit, ni les beaux garçons volages, Claire ne sait plus très bien où elle en est. Ici, tout est si différent de sa vie d'avant ! Quel tourbillon de sorties, de soirées, de distractions multiples ! Il n'est pas toujours facile de laisser de la place à la prière et à la réflexion. Entraînée par ses amies, Claire adopte des habitudes plus superficielles, et elle en est malheureuse, comme si elle sentait sa joie pâlir un peu. Ses études en souffrent aussi : moins de travail, moins de persévérance… On l'avertit qu'elle risque un renvoi si elle continue sur cette pente.

Mais Dieu est là, il veille. En septembre 1974, Claire a l'occasion de faire un pèlerinage en Terre sainte, dans les lieux où a vécu Jésus. Elle y renoue avec la contemplation de Dieu, et aussitôt, avec la joie…

« Ici, je découvre l'amour de Dieu, immense, étonnant et si simple. »
Si le ciel, c'est la louange de Dieu, j'y suis déjà…
Octobre 1974. Claire est envoyée restaurer des fresques à Assise.
Beauté, joie et louange remplissent son quotidien.
Vacances de Noël en France. Le 30 décembre, à Lourdes, Claire s'absorbe en prière. Quelques jours plus tard, elle est atteinte d'une méningite.
Il faut que je le loue.
Ce sont les derniers mots de Claire.
Claire disait qu'elle voulait semer de la joie partout autour d'elle : c'était le projet de sa vie.
Il reste actuel : ici sa joie rayonne !
Claire repose à l'abbaye de Boulaur…
… où de nombreuses vocations ont vu le jour grâce à son intercession. On peut la prier dans la chapelle qui lui est dédiée.
Claire, inspire-nous ta joie de croire et de vivre.

CLAIRE, *joie de vivre, joie de croire*

Nom : de Castelbajac.
Prénom : Claire.
Père : Louis de Castelbajac.
Mère : Solange de Castelbajac.
Frères et sœurs : quatre (plus âgés, issus d'un premier mariage du père de Claire).
Moment de faiblesse : période de vie superficielle à Rome pendant ses études.
Moments de force : automne 1974 où elle approfondit sa foi.

La prière de Claire
Depuis son enfance et jusqu'à sa mort (y compris pendant ses études à Rome) Claire disait cette courte prière chaque matin au réveil : « Ô Marie Immaculée, je vous confie la pureté de mon cœur. Soyez-en la gardienne pour toujours. »

Le sais-tu ?

Un concours difficile
Le prestigieux Institut central de restauration, à Rome, offrait trois places à des étudiants étrangers sélectionnés sur concours. C'est ce concours que Claire a réussi, preuve d'un travail tenace pour se préparer.

CLAIRE ET LE MONASTÈRE DE BOULAUR

En 1979, les religieuses cisterciennes de l'abbaye de Boulaur, située dans le Gers à vingt-cinq km de Lauret où vivait Claire, font face à un avenir incertain. Elles ne sont plus que cinq et vont devoir fermer leur communauté. Le père abbé cistercien chargé de discuter avec elles de leur avenir leur suggère de prier Claire de Castelbajac, qui, à ses yeux, est béatifiable si elle accomplit un miracle. Il faut lui demander cinq vocations religieuses ! Les sœurs doutent un peu, mais elles se mettent à prier, et cinq postulantes arrivent dans l'année !

J'EN AI MARRE ! Si Claire avait une foi vive et lumineuse, cela ne veut pas dire que tout lui était facile ! Ainsi, en 1971, dans une lettre à sa sœur écrite pendant une maladie de sa mère, elle écrit : « J'en ai marre… et encore marre ! » Les épisodes de fatigue, de mauvaise santé s'enchaînent dans sa famille et en particulier pour elle. À chaque fois, ce sont des épreuves pénibles qu'elle affronte avec douleur, mais avec un courage d'autant plus admirable.

- **1945** Fin de la Seconde Guerre mondiale et début des « Trente glorieuses » (période de prospérité économique en France).
- **26 octobre 1953** Naissance de Claire à Paris.
- **1959** Retour en France après cinq ans passés au Maroc.
- **Mai 1968** Révolte étudiante en France.
- **1972** Départ de Claire à Rome pour ses études.
- **1973** Claire s'installe en colocation avec des amies.
- **Septembre 1974** Claire voyage en Terre sainte.
- **Octobre 1974** Claire travaille à Assise.
- **30 décembre 1974** Visite à Lourdes, longue prière à la Grotte.
- **4 janvier 1975** Méningo-encéphalite foudroyante.
- **22 janvier 1975** Mort de Claire.

Prière à Claire de Castelbajac

Chère Claire,
toi qui voulais semer de la joie autour de toi,
inspire-nous le même désir
de faire connaître Dieu à ceux qui nous entourent
en rayonnant de joie de vivre.

Regarde du paradis
ce monde où l'on parle beaucoup de malheur et de tristesse ;
prie pour toutes les personnes
qui ne savent pas en qui croire,
et demande au Seigneur
de mettre la confiance,
l'espérance et une joie profonde
dans le cœur de tous ses enfants.

Amen.

Bienheureuse Sandra Sabattini (1961-1984)

« Tu aimeras le Seigneur de toutes tes forces, et ton prochain comme toi-même » : la vie de Sandra, ses engagements, ses études, ses projets, sont placés sous la bannière de ces deux commandements dont Jésus dit que ce sont les plus grands.

Une rencontre majeure

Par une belle journée de 1974, Don Oreste Benzi donne une conférence. Pour la centième fois, ce prêtre italien présente l'œuvre qu'il a fondée il y a six ans, la communauté Jean-XXIII. Elle aide toutes les personnes en détresse pour diverses raisons : handicaps, pauvreté, drogue...

– Les problèmes sont nombreux mais la charité joyeuse et énergique viendra à bout de tout, conclut le père Benzi.

Tandis qu'un panier circule pour récolter des fonds afin de permettre aux jeunes défavorisés de passer des vacances en montagne, le prêtre voit une fille s'approcher de lui. Il l'a déjà remarquée, et pas seulement à cause de son chandail rouge vif. Elle semblait boire ses paroles.

– Bonjour, Père, je m'appelle Sandra Sabattini.

– Bonjour, Sandra. Tu es de Rimini ?

– Presque. J'habite à Misano Adriatico avec ma famille, chez mon oncle qui est prêtre. Et je voudrais servir dans votre communauté.

– Quel âge as-tu ? demande Don Benzi en souriant, étonné.

– Douze ans.

– Tu es bien jeune !

– Est-ce que c'est un problème ?

– Certainement pas, répond le prêtre amusé.

« Nous nous sommes cassé les os »

Été 1975. Dans la chambre de Sandra s'étale le joyeux fouillis d'un retour de camp : vêtements à trier, duvet à aérer, chaussures de marche qui sèchent sur le rebord de la fenêtre… Sandra a aussi extirpé de son sac le journal intime qui accompagne son quotidien depuis ses dix ans. Pendant ce camp de montagne où elle a encadré des enfants handicapés, elle n'a guère eu le temps d'écrire. S'asseyant à son bureau, elle résume ce séjour fatigant mais tellement riche : « Nous nous sommes cassé les os, mais ce sont des gens que je n'abandonnerai jamais. » L'adolescente a trouvé sa voie, même si elle ne sait pas encore quelle forme prendra son engagement : elle veut se consacrer aux plus fragiles.

Une étudiante qui rayonne

Octobre 1980. À l'entrée de la prestigieuse faculté de médecine de Bologne, parmi la foule d'étudiants qui arrivent, une jolie brune attire les regards de quelques garçons. Elle est mignonne, mais surtout radieuse. Quel éclat dans ses yeux quand elle sourit !

– Laissez tomber, les gars, glisse un jeune homme à ses amis, ce matin-là. Devinez où Sandra commence ses journées ? À l'église. Une demi-heure de prière en silence chaque matin avant de venir travailler !

Sandra salue gentiment la bande de ses admirateurs et passe son chemin.

– Comment tu le sais, elle te l'a dit ? chuchote un garçon à l'informateur.

– Non ! Je l'ai juste suivie par curiosité, pendant trois jours. Mais je vais arrêter avant de me transformer en grenouille de bénitier !

Les garçons éclatent de rire en regardant s'éloigner la mince silhouette de Sandra qui papote avec des amies. Ils doivent bien reconnaître que sa foi ne la rend ni austère ni distante. Quel charme, quelle joie de vivre !

Fiancée et des projets plein la tête

Printemps 1984. Un jeune couple se promène le long de la plage de Rimini. Les yeux fixés sur l'horizon, Sandra bâtit mille projets d'avenir avec Guido, rencontré au sein de la communauté Jean-XXIII. Ils s'aiment, ils sont fiancés. Sandra rêve de partir comme médecin missionnaire en Afrique ; Guido est prêt à la suivre. Et s'ils ne pouvaient concrétiser cette idée-là, il est sûr qu'ils trouveraient à s'engager ici, en Italie, au service des personnes vulnérables.

– Tu as écrit quelque chose dans ton carnet hier ? demande Guido.

La famille de Sandra sait qu'elle continue à tenir ce journal où elle griffonne ses réflexions spirituelles au fil des jours. Elle les partage volontiers avec son fiancé.

– Oui… J'ai écrit que rien dans ma vie n'est à moi. Il faut que je m'en souvienne tout le temps. Tout nous est donné, Guido, non ? Et il faut prendre soin de ce cadeau. Il faut le rendre riche et beau pour le jour où Dieu viendra.

Guido sourit sans répondre. La foi de Sandra, son énergie, sa profondeur, sa soif d'absolu le dépassent parfois. Cette jeune fille n'aura jamais le cœur en repos avant d'être au ciel.

Les journées de Sandra continuent à démarrer par une prière.
Ses études de médecine se poursuivent...
Votre tension s'améliore !
Merci !
...son bénévolat aussi.
Sandra, raconte-moi une autre histoire !
Encore ? Une sixième ?
La vie est dure, ma petite.
Vous n'êtes pas seule, Franca.
Sandra accompagne des personnes en butte aux pires épreuves...
Comme le monde est beau.
... tout en gardant une inépuisable capacité à s'émerveiller.
Comment fait Sandra pour être toujours gaie ?
Hmm. Son amitié avec Dieu y est pour quelque chose...
J'ai tout vu. La jeune fille a été percutée.
Le 29 avril 1984, Sandra est percutée par une voiture. Elle succombe à ses blessures trois jours plus tard.
La vie de Sandra est accomplie. Elle a tant donné. Elle est aujourd'hui parmi les saints.
Joyeuse, animée par la prière et la charité, elle s'est consacrée avec enthousiasme au service des plus faibles.
Le pape François annonce, en 2021, la béatification de Sandra.

SANDRA, *la générosité en actes*

Le sais-tu ?

Don Oreste Benzi (1925-2007)
Qui est ce prêtre qui a tant marqué Sandra ?

Fils d'ouvrier, septième d'une famille de neuf enfants, Oreste Benzi entre au petit séminaire dès l'adolescence et il est ordonné en 1949, à l'âge de 24 ans. Ses responsabilités de professeur au séminaire et de curé de paroisse ne l'empêchent pas de mettre très tôt au centre de sa vie l'aide aux personnes défavorisées et désorientées, même si – surtout si – elles sont en marge de l'Église. Homme affable et souriant, sensible aux formes les plus diverses de détresse, il fonde la communauté Jean-XXIII pour servir Jésus Christ en servant les pauvres. Son rayonnement est important. Une cause de béatification est aujourd'hui ouverte pour ce prêtre reconnu comme « serviteur de Dieu ».

Les citations suivantes sont tirées du journal intime de Sandra :

« Le but de ma vie est l'union avec le Seigneur, l'instrument pour y parvenir est la prière. »

« Merci Seigneur, parce que j'ai reçu de belles choses de la vie jusqu'à présent, j'ai tout, mais surtout je te remercie parce que tu t'es révélé à moi, parce que je t'ai connu. »

« Si j'aime vraiment, comment puis-je supporter qu'un tiers de l'humanité meure de faim ? Alors que je préserve ma sécurité ou ma stabilité économique ? En faisant cela, je serai une bonne chrétienne mais pas une sainte ! Aujourd'hui, il y a une inflation de bons chrétiens alors que le monde a besoin de saints ! »

« SANDRA était plongée dans une relation limpide et intense avec Dieu. Elle vivait chaque moment avec une joie profonde. Elle a savouré l'univers entier, découvrant avec Lui toutes ses beautés. Elle vivait en tendant vers l'Infini, la Lumière, le Mystère, l'Amour ».
Don Oreste Benzi

- **19 août 1961** Naissance de Sandra.
- **16 octobre 1978** Élection du pape Jean-Paul II.
- **1979** Fiançailles de Sandra avec Guido Rossi.
- **1980** Sandra entreprend des études de médecine.
- **2 mai 1984** Mort de Sandra.
- **24 octobre 2021** Béatification de Sandra par le pape François.

Prière à la bienheureuse Sandra Sabattini

Bienheureuse Sandra,
tu as été un modèle de joie et de foi
pour tous ceux qui t'entouraient,
pour les personnes qui te connaissaient bien
comme pour ceux qui croisaient ta route,
pour ceux qui allaient bien
comme pour les personnes vulnérables.

Aide-nous à être comme toi
dans notre vie quotidienne.
Aide-nous à croire sans réserve à l'Évangile
et à servir Jésus Christ en toute simplicité,
par notre attitude, nos actes, notre sourire.
Aide-nous à entretenir une vie de prière régulière
pour construire notre vie sur le roc de l'amour de Dieu.

Amen.

Bienheureuse Chiara Badano, dite Chiara Luce (1971-1990)

Elle s'appelait Chiara Badano, mais elle est plus connue sous le surnom reçu quelques mois avant son rappel à Dieu : « Chiara Luce », ce qui signifie « claire lumière » en italien. Que nous enseigne la bienheureuse « Claire Lumière » ? Que toute vie peut porter beaucoup de fruit, jusque dans l'épreuve de la maladie, jusqu'à la mort, et même longtemps après.

Cinq ans, et du caractère

Maria Teresa Badano sourit en glissant un œil dans la chambre de Chiara. La fillette de cinq ans s'amuse par terre au milieu de jeux éparpillés. Ce joyeux fouillis réjouit le cœur de sa maman. Pendant onze ans, Maria Teresa et son mari ont espéré ce désordre, eux qui n'arrivaient pas à avoir d'enfant. Chiara, don de Dieu, les comble de bonheur depuis sa naissance si longtemps désirée.

De la cuisine, la maman interpelle sa fille :

– Chiaretta ? Si on priait ensemble ? Juste une courte prière ?

– Non. Je ne prie pas.

La réponse franche et directe amuse Maria Teresa qui y reconnaît bien le tempérament affirmé de Chiara.

– Bon, bon, comme tu veux ! Dans ce cas, je vais prier pour toutes les deux.

Madame Badano commence tout haut un *Notre Père*. Presque aussitôt, elle réprime un sourire. Une petite voix s'est greffée à la sienne. Chiara a changé d'avis !

L'amour de Dieu perceptible au quotidien

Chiara n'a pas assez de ses yeux et de ses oreilles pour capter ce qui l'entoure, pour se réjouir de cette foule d'enfants de son âge, débordante de vitalité, qui chante ensemble la joie de croire en Dieu. Elle a neuf ans et ses parents l'ont emmenée à une rencontre nationale des Focolari. Ce mouvement chrétien, composé surtout de laïcs, se donne pour but de laisser rayonner l'amour de Dieu dans la vie quotidienne. Ce premier rassemblement vécu en 1980 est une révélation. Il va influencer tout l'avenir de Chiara ! Désormais, son quotidien est illuminé par la certitude que Dieu est présent à chaque instant de la journée.

Le secret de Chiara

Juin 1985. Deux filles discutent sous le soleil, assises en tailleur sur la plage de Savone, face à la mer.

– Chiara, quel est ton secret pour sourire malgré tout ?

Francesca regarde fixement sa camarade de classe. Elles viennent d'apprendre leur redoublement. Toutes deux ont pourtant travaillé dur cette année, mais le niveau de leur lycée est très exigeant.

– J'ai des moments difficiles, Francesca, soupire Chiara avec simplicité, le visage grave. En plus, pour être honnête, la vie à Sassello me manque. C'est dans ce village que j'ai grandi, tu vois ? Ici, c'est la grande ville...

– On m'a dit que tu croyais très fort en Dieu. C'est vrai ? Tu n'en parles jamais...

– L'important n'est pas d'en parler, l'important est d'en vivre, non ?

Un instant de silence, et Chiara ajoute, les yeux pétillants :

– Mais, oui, si j'ai un secret pour garder ou retrouver le sourire, c'est bien celui-là.

Un diagnostic brutal

– Aïe.

Les autres joueurs de tennis se tournent vers Chiara qui a laissé tomber sa raquette sur le court avec une grimace de douleur. On interrompt le jeu, tout le monde s'empresse autour d'elle.

– Qu'est-ce qui t'arrive ?

– J'ai dû me déboîter l'épaule, dit-elle. Ce n'est pas grave.

Elle a déjà retrouvé son sourire malgré la douleur lancinante.

– Continuez à jouer, ça va passer.

Tandis que le tournoi se poursuit sous la douce lumière de cette fin d'été 1988, Chiara rentre chez elle et s'allonge. Comme elle a mal !

Tout au long de l'automne, la lycéenne souffre de l'épaule sans que les médecins en comprennent la raison. Début 1989, des examens à l'hôpital révèlent qu'elle est atteinte d'un cancer des os très grave.

Chiara vacille sous le choc de cette annonce. Ses parents sont dévastés aussi. Mais tous trois décident de tenir bon et de vivre cette épreuve ensemble, dans la foi. Toute souffrance peut avoir un sens si elle est offerte à Dieu : cette certitude s'installe en Chiara et va la soutenir jusque dans les moments les plus difficiles.

Salut Chiara, ça va mieux aujourd'hui ?
Oui ! J'ai même pu fabriquer dix bracelets.
Tu es super courageuse.
Cette mission au Bénin mérite notre aide !
Chiara se passionne pour un projet en faveur des enfants du Bénin.
Tout trouve sa juste dimension une fois qu'on l'offre à Jésus.
Souvent, c'est Chiara qui réconforte ses visiteurs, et non l'inverse.
1990. Son état s'aggrave mais elle reste joyeuse et communie chaque jour.
Maman, relis-moi la petite phrase des six S ?
Saro Santa Se Sono Santa Subito*.
*Je serai sainte si je suis sainte tout de suite.
Tu as mal ?
Oui. Je porte la croix avec Jésus.
Chiara a décidé d'offrir ses souffrances pour le monde qui a tant besoin de Dieu.
Elle te plaît, Chiara ?
Oui, c'est celle que je veux.
Quand vous m'habillerez, répétez-vous que je vois Jésus.
Chiara prépare ses obsèques comme on prévoit une fête.
Ciao Mamma. Sois heureuse, parce que moi je le suis.
7 octobre 1990. Ce sont les derniers mots de Chiara le jour de sa mort.
Cette jeune fille cristalline est un modèle pour les jeunes et pour nous tous.
Chiara est béatifiée le 25 septembre 2010, par le pape Benoît XVI.

CHIARA LUCE, *une lumière pour le monde*

Nom : Badano.
Prénom : Chiara, surnommée « Chiara Luce ».
Père : Ruggero Badano, chauffeur routier.
Mère : Maria Teresa Badano, ouvrière en pâtisserie.
Moment de faiblesse : dans les derniers mois, les jours où la souffrance est trop cruelle : « Qu'il est difficile de vivre le christianisme jusqu'au bout ! »
Moments de force : le sourire qu'elle garde tout au long de sa maladie.

Le sais-tu ?

Chiara et le Bénin

Déjà alitée, Chiara parraine généreusement le projet d'un ingénieur italien qui a fondé une mission au Bénin (Afrique) au service des enfants de là-bas. Elle lui fait don de toutes ses économies pour le soutenir. Dès que la douleur lui laisse du répit, elle fabrique de petits objets qu'elle vend au bénéfice de cette mission.

TÉMOIGNAGE D'UN AMI DE CHIARA

« En allant chez Chiaretta, on avait l'impression d'entrer dans un ascenseur. Les choses les plus simples de la terre s'élevaient et prenaient la beauté du ciel. Et les choses du ciel, qui paraissaient si abstraites et compliquées pour un non-croyant comme moi, descendaient sur la terre et devenaient simples. En sa présence, on touchait en même temps le ciel et la terre, et quand on sortait pour rejoindre notre monde habituel, on avait déjà hâte de retourner chez elle. »

Citation de Chiara

« Chaque instant est précieux et il ne faut donc pas le gaspiller. Si l'on vit ainsi, tout est pourvu de sens. Tout trouve sa juste dimensia on une fois qu'on l'offre à Jésus, même les moments les plus affreux. Donc il ne faut pas laisser s'échapper la douleur : elle acquiert tout son sens en devenant une offrande à Lui. »

- **29 octobre 1971** Naissance de Chiara.
- **1980** Entrée de Chiara chez les Focolari.
- **1982** Entrée au collège. Chiara est très bonne élève.
- **1985** Chiara redouble sa première année de lycée et en souffre.
- **1988** Premières douleurs à l'épaule.
- **Février 1989** Un cancer des os est diagnostiqué.
- **18 juin 1990** Après l'échec de nombreuses interventions à l'hôpital, Chiara rentre chez elle.
- **7 octobre 1990** Mort de Chiara.
- **25 septembre 2010** Béatification de Chiara.

Prière à la bienheureuse Chiara Luce

Bienheureuse Chiara Luce,
tu as su laisser résonner en toi cette parole de Jésus :
« Vous êtes la lumière du monde. »
Cette lumière, tu n'as cessé de la faire grandir avec toi,
sans la voiler, sans la laisser vaciller,
même quand l'épreuve de la maladie aurait pu obscurcir ta vie.

Aujourd'hui nous prononçons avec affection ton nom
et nous invoquons ton aide
pour nous aider à être, nous aussi,
la lumière du monde
par notre joie de vivre, par notre amour de Dieu et du prochain.

Veille sur les malades et leurs familles,
sur tous ceux qui traversent de grandes épreuves,
nous t'en prions.

Amen.

Bienheureux Carlo Acutis (1991-2006)

C'est un garçon sportif, joyeux, curieux des autres, ouvert d'esprit. Né à l'heure où le monde découvrait Internet, il se passionne pour les nouvelles technologies. Il s'appelle Carlo Acutis et il est bien dans ses baskets. C'est un garçon (presque) ordinaire.

Le stade et l'autel

Ce soir, comme souvent, le stade de San Siro à Milan est plein ; la clameur des supporters s'élève sur la ville. En Italie, le ballon rond draine toujours des foules impressionnantes ! Pendant ce temps, à quelque cinq kilomètres du terrain, un adolescent prie dans une église presque déserte. Lui, ce n'est pas un ballon rond qu'il contemple, mais le disque blanc d'une hostie, en qui il reconnaît Jésus, le Sauveur du monde. Carlo est sûr de cette présence aimante de Dieu à quelques pas de lui. Et il s'étonne, comme souvent : « Pourquoi est-ce que les gens ne font pas la queue ici, encore plus nombreux qu'au match ? »

Un habitué de la prière

Tout Carlo est là, dans cette question qui l'habite. Il a une manière bien à lui d'évaluer l'importance des choses. S'il aime la vie passionnément, il met en son centre ce qu'il perçoit comme l'essentiel : Dieu. Carlo n'est pourtant pas né dans une famille pratiquante ; mais à l'âge de quatre ans, quand son grand-père est mort d'un infarctus et lui est ensuite apparu en songe pour qu'il l'aide à entrer au Paradis, l'enfant s'est mis à prier avec force. Et cette habitude ne l'a plus quitté.

L'Eucharistie, source de son dynamisme

À sept ans, Carlo a communié pour la première fois. Ce jour-là, il s'est fait une promesse peu commune : celle d'aller à la messe tous les jours de sa vie. Il s'y rend chaque soir après l'école. Il en tire une joie et une énergie qui rayonnent autour de lui. Sa mère, son père, son babysitter Rajesh sont les premiers touchés par cette lumière. Ses parents découvrent le chemin de la foi et Rajesh, d'origine hindoue, se convertit au christianisme à force de côtoyer ce petit bonhomme qui lui parle de Jésus avec autant de simplicité que de conviction.

Le geek du bon Dieu

Les années passent. Sportif, bon vivant, simple et drôle, Carlo garde la foi chevillée au corps. Il essaie de vivre chacune de ses journées de manière à mériter le Paradis. C'est son objectif quotidien, et il aime répéter : « L'Eucharistie, c'est mon autoroute vers le ciel ». Dans le même temps, il sert bénévolement les pauvres auprès des sœurs de Mère Teresa et des capucins, et déborde de projets pour évangéliser les gens, notamment grâce à sa passion pour l'informatique. Le web, qu'il maîtrise aussi bien qu'un professionnel, lui sert d'outil pour partager sa foi.

Brusque départ au ciel

En octobre 2006, à 15 ans, Carlo tombe malade. On croit d'abord à une grippe mais il s'agit d'un cancer foudroyant. Hospitalisé d'urgence, Carlo tient encore la promesse de ses sept ans grâce à un prêtre qui vient célébrer la messe à ses côtés jusqu'au dernier jour, celui de sa mort, le 12 octobre.
« Être toujours uni à Jésus, voilà le but de ma vie », disait-il lorsqu'il était encore un garçon éclatant de santé.
Non seulement ce but a été atteint, mais Carlo a entraîné d'innombrables personnes dans l'aventure de la foi. À sa messe d'À-Dieu, ses parents sont stupéfaits de voir la foule assemblée pour rendre hommage à leur fils. Inconnus, voisins, copains, habitués du quartier, SDF : par centaines, ils sont venus témoigner du rayonnement de Carlo.
Et ce n'est qu'un début ! Béatifié en 2020 après la reconnaissance d'un miracle dû à son intercession, enterré à Assise, Carlo continue aujourd'hui à toucher les cœurs par son histoire et son exemple.

Bonne soirée, Carlo !
Bonne soirée, Mesdames. À demain !
Ciao ! J'ai quelque chose pour toi.
J'ai pensé que ça te serait utile.
Merci Carlo. T'es un ange.
Tu veux rester discuter un peu ?
Ce serait un plaisir comme toujours, mais ce soir j'ai un boulot énorme. On se voit demain !
Belle messe, Carlo ?
Oui, maman !
Je t'ai trouvé le livre que tu voulais à l'Institut polytechnique.
PROGRAMMAZIONE INFORMATICA
Oh, merci !
Après le dîner...
Ne travaille pas trop tard, hein !
Promis. J'ai fini les maths. J'avance l'exposition sur les miracles eucharistiques.
EXPOSITION SUR LES MIRACLES EUCHARISTIQUES
Carlo tombe malade alors qu'il terminait d'élaborer cette exposition. Aujourd'hui, elle continue à circuler dans le monde entier.

CARLO, *une connexion à haut débit avec le ciel*

Nom : Acutis.
Prénom : Carlo.
Père : Andrea Acutis.
Mère : Antonia Salzano Acutis.
Frère et sœur : Michele et Francesca, jumeaux nés en 2010.
Ville préférée : Assise, où il repose.
Talents : informatique, musique (saxophone).
Autre : aime la nature et les animaux.

SA DERNIÈRE PHRASE « Je suis content de mourir parce que j'ai vécu ma vie sans en avoir gaspillé une seule minute à faire des choses qui déplaisent à Dieu. »

TOUT PRÈS DE SAINT FRANÇOIS Carlo passait ses vacances à Assise, la ville de saint François, où sa famille a une maison. Il aimait beaucoup ce bourg aux nombreuses églises, « habité » par l'histoire du *Poverello*. Foi, générosité, simplicité, confiance illimitée en Dieu, affection pour la nature et les animaux... À presque huit cents ans de distance, Carlo partageait beaucoup de choses avec saint François ! C'est à Assise que son corps repose, dans une chapelle ouverte au public.

Le sais-tu ?

Brésil, 12 octobre 2010. Un petit garçon, Matheus, est au centre des prières de sa famille. Né avec une grave déformation du pancréas, il vit depuis toujours avec des vomissements terribles et ne peut s'alimenter normalement. Quatre ans jour pour jour après le rappel à Dieu de Carlo, le prêtre de la paroisse de Matheus, qui a découvert la vie de l'adolescent italien par Internet, suggère de le prier. Matheus rentre guéri à la maison. Son pancréas est devenu normal, il mange comme tout le monde et ne vomit plus. Au terme d'une longue enquête, cette guérison parfaitement inexplicable est attribuée à l'intercession de Carlo Acutis et mène à sa béatification. Au-delà de ce cas officiel, ses parents reçoivent beaucoup d'autres témoignages de guérisons miraculeuses.

« Non io, ma Dio »
C'était la devise de Carlo, sous forme de rime. En italien, cela veut dire : « Pas moi, mais Dieu ».

3 mai 1991 Naissance de Carlo à Londres, Grande-Bretagne.

Années suivantes Retour à Milan, Italie.

1995 Mort de son grand-père maternel qui lui demande en songe de prier pour l'aider à quitter le Purgatoire et à entrer au Paradis.

16 juin 1998 Première communion. Promesse d'assister chaque jour à la messe.

2005 Carlo crée le site web de sa paroisse, Santa Maria Segreta, à la demande du curé. Il lance aussi un site de volontariat pour les jésuites.

2006 Carlo prépare, grâce à Internet, une exposition sur les miracles eucharistiques.

Début octobre 2006 Premiers symptômes d'une leucémie.

12 octobre 2006 Mort de Carlo.

12 octobre 2010 Guérison miraculeuse d'un petit Brésilien atteint d'une grave anomalie de naissance, attribuée à l'intercession de Carlo.

10 octobre 2020 Carlo est béatifié par le pape François.

Prière au bienheureux Carlo Acutis

Bienheureux Carlo,
toi qui avais le cœur brûlant devant l'Eucharistie,
aide-nous à reconnaître la présence de Jésus dans l'hostie
et à l'accueillir avec amour.

Toi qui te souciais des pauvres,
inspire-nous ta générosité et ton sens du service.

Toi qui n'aimais pas entendre critiquer,
toi qui défendais les plus faibles,
que ton exemple nous apprenne à traiter avec bienveillance
les personnes qui nous entourent.

Toi qui étais toujours de bonne humeur,
aide-nous à l'être aussi.

Toi qui te servais de tes talents et de ton sourire
pour annoncer Jésus et partager ta foi,
donne-nous l'envie de transmettre au monde
la parole de Dieu qui est source de vie.

Amen.

Certifié PEFC
Ce produit est issu de forêts gérées durablement et de sources contrôlées
PEFC
PEFC/46-31-13
www.pefc.ro

Achevé d'imprimer en mars 2023
Par Rotolito Romania en Roumanie
N° d'édition : 23022
Dépôt légal : avril 2023